学生体质健康标准手册

XUESHENG TIZHI
JIANKANG BIAOZHUN
SHOUCE

主　编　张晓玲
副主编　吴大成
　　　　殷　杰
　　　　张晓天

中国科学技术大学出版社

图书在版编目(CIP)数据

学生体质健康标准手册/张晓玲主编. —合肥:中国科学技术大学出版社,2006.7(2009.8 重印)

ISBN 978-7-312-01983-8

Ⅰ.学… Ⅱ.张… Ⅲ.体育锻炼标准－高等学校－教学参考资料 Ⅳ.G807.4

中国版本图书馆 CIP 数据核字(2006)第 078605 号

出版	中国科学技术大学出版社
	安徽省合肥市金寨路 96 号,邮编:230026
	网址:http://press.ustc.edu.cn
印刷	合肥市宏基印刷有限公司
发行	中国科学技术大学出版社
经销	全国新华书店
开本	787 mm×1092 mm 1/32
印张	4.625
字数	82 千
版次	2006 年 7 月第 1 版
印次	2009 年 8 月第 2 次印刷
定价	9.00 元

重印说明

《学生体质健康标准手册》于2006年8月出版，当时依据的是教育部、国家体育总局下发的《学生体质健康标准(试行方案)》及《〈学生体质健康标准(试行方案)〉实施办法》(教艺体[2002]12号)，经过几年的推广试行，2007年教育部、国家体育总局正式颁布《国家学生体质健康标准》及《〈国家学生体质健康标准〉实施办法》(教艺体[2007]8号)，对之前的《标准》及《实施办法》作了修订及完善。因此，本书在此次重印之际，对书中的相关内容作了修改和完善，以期使读者能够更加准确地掌握最新的《标准》，并能够掌握科学的锻炼方法，促进体质健康发展，以达到相关要求。

编　者

编者的话

学生体质测试是在教育部、国家体育总局下发的《国家学生体质健康标准》及《〈国家学生体质健康标准〉实施办法》(教体艺[2007]8号)要求下开展的,旨在通过体质测试,激励学生积极参加体育锻炼,提高学生体质健康水平。同时切实加强学校体育工作,引导学校体育工作在传统的体育教学和课外活动的基础上,更加重视全体学生体质的增强,有很现实的指导作用。

我们在学生体质测试工作中,由衷地体会到,学生体质测试是一项科学的、有一定技术性的活动,要对学生讲清体质测试的意义、作用、内容、方法、要领,以及测前锻炼和针对个体不足的特别训练等有关知识,包括一些基本的运动常识和运动处方,这些知识的普及不单是为了体测,对于学生的日常生活也是很有指导意义的,于是我们编写了这本《学生体质健康标准手册》(以下简称《手册》)。

在编写的过程中我们特别注意以下几点:

1.《手册》主要介绍一些关于体质测试和体育锻炼的基本常识,以适用为主,不强调对体育锻炼做系统、严谨地指导;

2.《手册》侧重介绍了有关学生体质测试的相关内容。阅读本《手册》就可以对体质测试的项目、器械、方法、技巧、成绩换算有全面的了解；

3.《手册》易读易懂，轻松活泼，图文并茂。只要花上一点时间阅读，就可以得到一些有用的相关知识；

4. 本《手册》适合各类高职高专、普通高校学生阅读，阅读《手册》不仅可以获得有关体质测试与锻炼及相关的各种资讯、方法，同时还可以在阅读过程中获得其他的运动、锻炼、营养等知识。

本《手册》主要有六个方面的内容：第一部分给出了教育部、国家体育总局下发的关于实施《国家学生体质健康标准》的通知（包含附件《国家学生体质健康标准》与《〈国家学生体质健康标准〉实施办法》）；第二部分主要介绍学生体质健康的内容、器械、测试方法与测试标准（测试成绩与分值换算表放在最后的附录中）；第三部分介绍一些体育锻炼的基本方法与常识；第四部分讲了体育锻炼与营养方面的知识；第五部分简单介绍一些体育锻炼与心理健康方面的内容；第六部分讲的是一些运动障碍的调适技巧和一些通过合适的运动训练防治一些疾病的方法。

本《手册》由张晓玲主编，吴大成、殷杰、张晓天任副主编。由于作者水平和经验有限，《手册》中难免有不当之处，恳请阅读《手册》的同行、同学们与广大读者毫不保留地提出批评和建议，以便及时修正。

　　这本《手册》是我们在教学与学生体测工作实践中的一些"感悟",有一定的针对性与可读性,我们真诚地希望这本小册子有助于同学们在学习的同时掌握一些运动与锻炼的常识,在体育课外加强自我锻炼与保护,提高自己的健康水平。如果《手册》能或多或少地起到这样的作用,我们将会感到十分高兴。

编　者

目　　录

重印说明 …………………………………………（ⅰ）

编者的话 …………………………………………（ⅲ）

教育部　国家体育总局关于实施《国家学生体质健康
　　标准》的通知 ……………………………………（ 1 ）

国家学生体质健康标准 …………………………（ 2 ）

《国家学生体质健康标准》实施办法 ……………（ 4 ）

《国家学生体质健康标准》测试的内容与意义 ………（ 7 ）

体育锻炼的基本方法与常识 ……………………（ 38 ）

体育锻炼与营养 …………………………………（ 84 ）

体育运动与心理健康 ……………………………（ 97 ）

运动处方 …………………………………………（110）

附录 ………………………………………………（120）

　附表1　大学男生身高标准体重

　附表2　大学女生身高标准体重

　附表3　大学男生各测试项目评分标准

　附表4　大学女生各测试项目评分标准

　附表5　免予执行《国家学生体质健康标准》申请表

教育部　国家体育总局
关于实施《国家学生体质健康标准》的通知

教体艺[2007]8号

各省、自治区、直辖市教育厅（教委）、体育局，新疆生产建设兵团教育局、体育局：

《学生体质健康标准》自2002年试行以来，各地认真组织推广试行，取得了很好的经验。教育部、国家体育总局在认真总结试行工作的基础上，根据新的形势对《学生体质健康标准》进行了修改和完善。现将《国家学生体质健康标准》（以下简称《标准》）及《国家学生体质健康标准》实施办法印发给你们，请认真贯彻执行。具体要求通知如下：

一、《标准》自发布之日起在全国各级各类学校全面实施，确有困难不能在2007年实施《标准》的学校，须请示上级教育行政部门，经省级教育行政部门核准同意后可以延期至2008年实行。各省级教育行政部门须将延期实施《标准》的学校名单报教育部（体育卫生与艺术教育司）备案。

二、各省级教育行政部门要根据实际情况，制定《标准》的具体实施计划,并于 2007 年 9 月 1 日前报教育部备案。

三、自 2007 年开始,国家体育总局、教育部每两年组织一次对各地实施《标准》情况的检查,并公布检查结果。

附件:1. 国家学生体质健康标准
2.《国家学生体质健康标准》实施办法

国家学生体质健康标准

一、说　明

(一)为贯彻落实健康第一的指导思想,切实加强学校体育工作,促进学生积极参加体育锻炼,养成良好的锻炼习惯,提高体质健康水平,特制定本标准。

(二)本标准是《国家体育锻炼标准》的有机组成部分,是《国家体育锻炼标准》在学校的具体实施,是国家对学生体质健康方面的基本要求,适用于全日制小学、初中、普通高中、中等职业学校和普通高等学校的在校学生。

(三)本标准从身体形态、身体机能、身体素质和运动能力等方面综合评定学生的体质健康水平,是促进学生体质健康发展、激励学生积极进行身体锻炼的教育手段,是学生体质健康的个体评价标准。

（四）本标准将测试对象划分为以下组别：小学一、二年级为一组，三、四年级为一组，五、六年级为一组，初、高中每年级各为一组，大学为一组。

小学一、二年级组和三、四年级组测试项目分为三类，身高、体重为必测项目，其他二类测试项目各选测一项。小学五、六年级组，初、高中各组，大学组测试项目均为五类，身高、体重、肺活量为必测项目，其他三类测试项目各选测一项。

选测项目每年由地（市）级教育行政部门、高等学校在测试前两个月确定并公布。选测项目原则上每年不得重复。

（五）学校每学年对学生进行一次本标准的测试，本标准的测试方法按《国家学生体质健康标准解读》（人民教育出版社出版）中的有关要求进行。

（六）本标准各评价指标的得分之和为本标准的最后得分，满分为 100 分。根据最后得分评定等级：90 分及以上为优秀，75 分～89 分为良好，60 分～74 分为及格，59 分及以下为不及格。学生体质健康标准成绩每学年评定一次，按评定等级记入《国家学生体质健康标准登记卡》。学生毕业时体质健康标准的成绩和等级，按毕业当年得分和其他学年平均得分各占 50% 之和进行评定。因病或残疾免予执行本标准的学生，填写《免予执行〈国家学生体质健康标准〉申请表》（见附表 5）。

（七）本标准由教育部负责解释。

二、《国家学生体质健康标准》评价指标与分值

组别	评价指标(测试项目)	分值	备注
大学各年级	身高标准体重	10	必测
	肺活量体重指数	20	必测
	1000米跑(男)、800米跑(女)、台阶试验	30	选测一项
	坐位体前屈、掷实心球、仰卧起坐(女)、引体向上(男)、握力体重指数	20	选测一项
	50米跑、立定跳远、跳绳、篮球运球、足球运球、排球垫球	20	选测一项

注:身高标准体重测试项目为身高、体重,肺活量体重指数测试项目为肺活量,握力体重指数测试项目为握力。

《国家学生体质健康标准》实施办法

一、《国家学生体质健康标准》(以下简称《标准》)的实施工作在教育部、国家体育总局的领导下,由各级教育行政部门管理,体育行政部门指导,学校组织实施。

二、《标准》的组织实施工作在校长领导下,由学校体育教研部门、教务部门、校医院(医务室)、学工部门、辅导员(班主任)协同配合共同组织实施。《标准》的测试应与学生的健康体检有机结合,避免重复测试。学生的《标准》测试成绩按评定等级记入《国家学生体质健康标准登记卡》,小学列入学生成长记录或学生素质报告书,初中以上学校列入学生档案(含电子档案),作为学生毕业、升学的重要

依据。对达到及格以上成绩的学生颁发证章。《标准》的实施工作记入教师的教学工作量。

三、学生《标准》测试成绩达到良好及以上者，方可参加三好学生、奖学金评选；成绩达到优秀者，方可获体育奖学分。《标准》成绩不及格者，在本学年度准予补测一次，补测仍不及格，则学年《标准》成绩为不及格。普通高中、中等职业学校和普通高等学校学生毕业时，《标准》测试的成绩达不到50分者按肄业处理。

四、因病或残疾学生，可向学校提交免予执行《标准》的申请，经医疗单位证明，体育教学部门核准后，可免予执行《标准》，并填写《免予执行〈国家学生体质健康标准〉申请表》，存入学生档案。对确实丧失运动能力、免予执行《标准》的残疾学生，仍可参加三好学生、奖学金、奖学分评选，毕业时《标准》成绩可记为满分，但不评定等级。

五、认真上好体育课、积极参加体育活动、每天锻炼时间达到一小时者，奖励5分，计入学年《标准》总成绩。

六、属下列情况之一者，其《标准》成绩记为不及格，该学年《标准》成绩最高记为59分：

1. 评价指标中400米（50米×8往返跑）、1000米跑（男）、800米跑（女）、台阶试验的得分达不到及格者；

2. 体育课无故缺勤，一学年累计超过应出勤次数1/10者。

七、各地、各学校在实施《标准》时要树立"安全第一"的指导思想,健全各项安全保障制度,落实安全责任制,加强对场地、器材、设备的安全检查。要认真做好学生的体检工作,对生病学生实行缓测或免测。

八、全国各级各类学校每年均直接将本校各年级《标准》测试数据,通过中国学生体质健康网(网址中文域名:中国学生体质健康网,英文域名:www.csh.edu.cn),报送至教育部"国家学生体质健康标准数据管理系统",上报数据的时间为每年9月1日至12月31日,上报测试数据的工具软件,由学校在中国学生体质健康网上免费下载使用。

九、高职、高专类学校参照有关要求执行。

十、教育部每年公布各省、自治区、直辖市实施《标准》的基本情况;每学年对教育部直属高校本科新生《标准》测试结果,按生源所在地进行统计,并以省、自治区、直辖市为单位进行公布。

十一、各地教育、体育行政部门对本地各级各类学校实施《标准》的情况,要认真检查监督。要将《标准》的实施情况纳入各级政府教育督导内容和评估指标体系,并作为对各级各类学校进行评优、表彰的基本依据。对弄虚作假、徇私舞弊者,给予通报批评,情节严重者,给予行政处分。

十二、为保证《标准》测试数据的科学性、准确性,各地、各学校招标、选用的《标准》测试器材必须是经国家认证认可监督管理委员会批准的相关认证机构认证合格的产品。

十三、本办法由教育部负责解释。

《国家学生体质健康标准》测试的内容与意义

什么是学生体质健康标准？

《国家学生体质健康标准》是从身体形态、身体机能、身体素质等方面综合评定学生的体质健康状况的评价体系。

为什么要进行学生体质健康标准的测试？

《国家学生体质健康标准》是《国家体育锻炼标准》的一个组成部分，是《国家体育锻炼标准》在学校中的具体应用。《国家学生体质健康标准》测试的目的是为了贯彻落实第三次全国教育工作会议提出的"学校教育要树立'健康第一'的指导思想"的精神，促进学生积极地参加体育锻炼，上好体育与健康课，增强学生的体质和提高健康水平，把学生培养成为德、智、体、美全面发展的高素质人才。

通过每年一次的《国家学生体质健康标准》的测试，可以使同学们清楚地了解自己体质与健康的状况，还可以帮助你监测一年来体质与健康状况是否发生变化及变化程度。这将有助于你在新的一年里合理地、有针对性地制定锻炼计划和实施策略。

《国家学生体质健康标准》测试的内容与意义

> **《国家学生体质健康标准》要求学生测试哪些项目？**
> - ◇ 身高标准体重
> - ◇ 肺活量
> - ◇ 台阶试验或耐力跑
> - ◇ 50米跑或立定跳远
> - ◇ 握力或仰卧起坐（女生）或坐位体前屈
> ······ ······

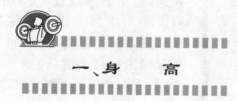

一、身　　高

1. 测试目的

测试学生身高，与体重测试相配合，评定学生的身体匀称度，评价学生生长发育及营养状况的水平。

2. 场地器材

身高测量计。使用前应校对0点，以钢尺测量基准板平面至立柱前面红色刻线的高度是否为10.0厘米，误差不得大于0.1厘米。同时应检查立柱是否垂直，连接处是否紧密，有无晃动，零件有无松脱等情况，并及时加以纠正。

3. 测试方法

受试者赤足,立正姿势站在身高计的底板上(上肢自然下垂,足跟并拢,足尖分开约成60度角)。足跟、骶骨部及两肩胛区与立柱相接触,躯干自然挺直,头部正直,耳屏上缘与眼眶下缘呈水平位。测试人员站在受试者右侧,将水平压板轻轻沿立柱下滑,轻压于受试者头顶。测试人员读数时双眼应与压板水平面等高进行读数。记录员复述后进行记录。以厘米为单位,精确到小数点后一位。测试误差不得超过0.5厘米。

4. 注意事项

(1)身高计应选择平坦靠墙的地方放置,立柱的刻度尺应面向光源。

(2)严格掌握"三点靠立柱"、"两点呈水平"的测量姿势要求,测试人员读数时两眼一定与压板等高,两眼高于压板时要下蹲,低于压板时应垫高。

(3)水平压板与头部接触时,松紧要适度,头发蓬松者要压实,头顶的发辫、发结要放开,饰物要

《国家学生体质健康标准》测试的内容与意义

取下。

(4)读数完毕,立即将水平压板轻轻推向安全高度,以防碰坏。

(5)测量身高前,受试者不应进行体育活动和体力劳动。

二、体　　重

1. 测试目的

测试学生的体重,与身高测试相配合,评定学生的身体匀称度,评价学生生长发育的水平及营养状况。

2. 场地器材

杠杆秤或电子体重计。使用前需检验其准确度和灵敏度。准确度要求误差不超过 0.1%,即每百千克误差小于 0.1 千克。检验方法是:以备用的 10 千克、20 千克、30 千克标准砝码(或用等重标定物代替)分别进行称重,检查指标读数与标准砝码

误差是否在允许范围。灵敏度的检验方法是：置100克重砝码，观察刻度尺变化，如果刻度抬高了3毫米或游标向右移动0.1千克而刻度尺维持水平位时，则达到要求。

3. 测试方法

测试时，杠杆秤应放在平坦地面上，调整0点至刻度尺水平位。受试者赤足，男性受试者身着短裤；女性受试者身着短裤、短袖衫，站在秤台中央。测试人员放置适当砝码并移动游标至刻度尺平衡。读数以千克为单位，精确到小数点后一位。记录员复述后将读数记录。测试误差不超过0.1千克。

4. 注意事项

（1）测量体重前受试者不得进行剧烈体育活动和体力劳动。
（2）受试者站在秤台中央，上下杠杆动作要轻。
（3）每次使用杠杆秤时均需校正。测试人员每次读数前都应校对砝码重量避免差错。

《国家学生体质健康标准》测试的内容与意义

三、台阶试验

1. 测试目的

测试学生的心血管机能。

2. 场地器材

台阶或凳子、节拍器、秒表、台阶实验仪。

3. 测试方法

初中以上男生用高度 40 厘米台阶（或凳子）；女生及小学四年级以上男女生用高 35 厘米的台阶（或凳子）；小学 1～3 年级男、女生用 25 厘米台阶（或凳子）做踏台上、下运动。测验前测定安静时的脉搏，然后受试者做轻度的准备活动，主要是活动下肢关节。上、下台阶（或凳子）的频率是 30 次/分钟，因而节拍器的节律为 120 次/分钟（每上、下一次是四动）。受试者按节拍器的节律完成试验。

被测试者从预备姿势开始，①被测试者一只脚踏在台阶上;②踏台腿伸直成台上站立;③先踏台的脚下先下地;④还原成预备姿势。用2秒上、下一次的速度(按节拍器的节律来做)连续做3分钟。做完后,立刻坐在椅子上测量运动结束后的1分钟至1分半钟、2分钟至2分半钟、3分钟至3分半钟的3次脉搏数。并用下列公式求得评定指数,计算结果包含有小数的,对小数点后的1位进行四舍五入取整进行评分。

$$评定指数 = \frac{踏台上、下运动的持续时间(秒) \times 100}{2 \times (3次测定脉搏的和)}$$

4. 注意事项

(1)心脏患病的同学不能测试。

(2)按2秒上、下一次的节奏进行。当受试者跟不上节奏时应及时提醒,如果三次跟不上节奏应停止测试,以免发生伤害事故。

(3)上、下台阶时,膝、髋关节都应伸直。

(4)被测试者不能自己测量脉搏。

(5)如果受试者不能完成3分钟的负荷运动,以实际上、下台阶的持续时间进行计算,计算公式和方法同上。

《国家学生体质健康标准》测试的内容与意义

四、肺活量

1. 测试目的

测试学生的肺通气功能。

2. 场地器材

电子肺活量计。

3. 测试方法

房间通风良好；使用干燥的一次性口嘴（非一次性口嘴，则每换测试对象需消毒一次。每测完一人时，将口嘴朝下倒出唾液，并注意消毒后必须使其干燥）。肺活量计主机放置平稳桌面上，检查电源线及接口是否牢固，按工作键液晶屏显示"0"即表示机器进入工作状态，预热5分钟后测试为佳。

首先告知被测者不必紧张，并且要尽全力，以中等速度和力度吹气效果最好。令被测者面对仪器站立、手持吹气口嘴，面对肺活量计站立试吹1

至2次,首先看仪器有无反应,还要试口嘴或鼻处是否漏气,调整口嘴和用鼻夹(或自己捏住鼻孔);学会深吸气(避免耸肩提气,应该像闻花一样,慢吸气);深吸气后屏住气再对准口嘴尽力深呼气,直到不能呼气为止,防止此时从口嘴处吸气,测试中不得中途二次吸气。

被测试者进行一两次较平日深一些的呼吸动作后,更深的吸一口气,向口嘴处慢慢呼出至不能再呼出为止,吹气完毕后,液晶屏上最终显示的数字即为肺活量毫升值。每位受试者测三次,每次间隔15秒,记录三次数值,选取其中的最大值作为测试结果。以毫升为单位,不保留小数。

4. 注意事项

(1)电子肺活量计的计量部位的畅通和干燥是仪器准确的关键,吹气筒的导管必须在上方,以免口水或杂物堵住气道。

(2)每测试10人及测试完毕后,用干棉球及时清理和擦干气筒内部。严禁用水、酒精等任何液体冲洗气筒内部。

(3)导气管存放时不能打折。

(4)定期校对仪器。

《国家学生体质健康标准》测试的内容与意义

五、握　力

1. 测试目的

测试学生上肢肌肉力量的发展水平。

2. 场地器材

电子握力计或合格的弹簧式握力计。

3. 测试方法

被测试者两脚自然分开成直立姿势,两臂自然下垂。一手持握力计全力紧握(此时握力计不能接触衣服和身体),记下握力计指针的刻度(或握力器所显示的数字)。用有力或有利的手握两次。取最大值,以公斤为单位,测试时保留1位小数。

4. 注意事项

保持手臂自然下垂姿势,手心向内,不能触及衣服和身体。

六、立定跳远

1. 测试目的

测试学生下肢肌肉爆发力及身体协调能力的发展水平。

2. 场地器材

立定跳远测试计。

3. 测试方法

受试者两脚自然分开站立,站在起跳线后,脚尖不得踩线。两脚原地同时起跳,不得有垫步或连跳动作。丈量起跳线后缘至最近着地点后缘的垂直距离。每人试跳三次,记录其中成绩最好一次。以厘米为单位,不计小数。

《国家学生体质健康标准》测试的内容与意义

4. 注意事项

(1)发现犯规时,此次成绩无效。三次试跳均无成绩者,再跳至取得成绩为止。

(2)可以赤足,但不得穿钉鞋、皮鞋、塑料凉鞋测试。

七、50米跑

1. 测试目的

测试学生速度、灵敏素质及神经系统灵活性的发展水平。

2. 场地器材

50米直线跑道若干条,地面平坦,地质不限,跑道线要清晰,发令旗一面,口哨一个,秒表若干块(一道一表)。秒表使用前应用标准表校正,每分钟误差不得超过0.2秒。标准表的选定,以北京时间为准,每小时误差不超过0.3秒。

3. 测试方法

受试者至少两人一组测试。站立起跑,受试者听到"跑"的口令后开始起跑。发令员在发出口令同时要摆动发令旗。计时员视旗动开表计时。受试者躯干部到达终点线的垂直面停表。记录以秒为单位,精确到小数点后一位。小数点后第二位数按非零进1原则进位,如10.11秒读成10.2秒,并记录之。

4. 注意事项

(1)受试者测试最好穿运动鞋或平底布鞋,赤足亦可。但不能穿钉鞋、皮鞋、塑料凉鞋。

(2)发现有抢跑者,要当即召回重跑。

(3)如遇风时一律顺风跑。

八、坐位体前屈

1. 测试目的

测量学生在静止状态下的躯干、腰、髋等关节

《国家学生体质健康标准》测试的内容与意义

可能达到的活动幅度,主要反映这些部位关节、韧带和肌肉的伸展性和弹性及学生身体柔韧素质的发展水平。

2. 场地器材

坐位体前屈测试计。

3. 测试方法

受试者腿伸直,两腿平蹬测试纵板坐在平地上,两脚分开约10～15厘米,上体前屈,两臂伸直向前,用两手中指尖逐渐向前推动游标,直至不能前推为止。测试计的脚蹬纵板内沿平面数位0点,向内为负值,向前为正值。记录以厘米为单位,保留一位小数。测试两次,取最好成绩。

4. 注意事项

(1)身体前屈两臂向前推游标时腿不能弯曲。
(2)不能猛力向前,要匀速逐渐向前推。

九、800米跑(女)或1000米跑(男)

1. 测试目的

测试学生耐力素质的发展水平、心血管呼吸系统的机能及肌肉耐力。

2. 场地器材

400米、300米、200米田径场跑道,地质不限。也可使用其他不规则场地,但必须丈量准确,地面平坦。发令旗一面,秒表若干块,使用前需要校正,要求同50米跑。

3. 测试方法

受试者至少两人一组进行测试,站立式起跑,当听到"跑"的口令后开始起跑。计时员看到旗动开表计时,当受测者的躯干部到达终点线垂直面时停表。

注意事项和成绩记录方法同50米×8往返跑。

《国家学生体质健康标准》测试的内容与意义

十、仰卧起坐

1. 测试目的

测试腹肌耐力。

2. 场地器材

垫子若干块(或代用品),并铺放平坦。

3. 测试方法

受测者全身仰卧于垫上,两腿稍分开,屈膝呈90度角左右,两手指交叉脑后。另一同伴压住其踝关节,以便固定下肢。仰卧时两肩胛必须触垫。测试人员发出"开始"口令的同时开表计时,记录1分钟内完成次数。1分钟到时,受测者虽已坐起但肘关节未达到双膝者不计该次数,精确到个位。

4. 注意事项

(1)如发现受测者借用肘部撑垫或臀部起落的

学生体质健康标准手册

力量起坐时,该次不计数。

(2)测试过程中,观测人员应向受测者报数。

(3)受测者双脚必须放于垫上。

十一、掷实心球

1. 测试目的

测试学生的上肢爆发力。

2. 场地器材

长度在 30 米以上的平整场地一块,地质不限,

《国家学生体质健康标准》测试的内容与意义

在场地一端划一条直线作为起掷线。实心球若干,大学各年级测试球重为2千克。

3. 测试方法

测试时受试者站在起掷线后,两脚前后或左右开立,身体面对投掷方向,双手举球至头上方稍后仰,原地用力把球投向前方掷出。如两脚前后开立投掷,当球出手的同时后脚可向前迈出一步,但不得踩线。每人投掷三次,记录其中成绩最好的一次。记录以米为单位,取一位小数。丈量起掷线后缘至球着地点后缘之间的垂直距离。为了准确丈量成绩,应有专人负责观察实心球的着地点。

4. 注意事项

(1)受试者需原地投掷,不得助跑。
(2)实心球必须从肩上方投出。
(3)如受试者前后开立投掷,当实心球出手的同时后脚可向前迈出一步,但不得踩线。
(4)发现踩线等犯规时,则此次成绩无效。三次均无成绩者,应允许再投,直至取得成绩为止。

十二、引体向上

1. 测试目的

测试学生的上肢肌肉力量的发展水平。

2. 场地器材

高单杠或高横杠,杠粗以手能握住为准。

3. 测试方法

受试者跳起双手正握杠,两手与肩同宽成直臂悬垂。静止后,两臂同时用力引体(身体不能有附加动作),上拉到下颌超过横杠上缘为完成一次。记录引体次数。

4. 注意事项

(1)受试者应双手正握单杠,待身体静止后开始测试。

《国家学生体质健康标准》测试的内容与意义

(2)引体向上时,身体不得做大的摆动,也不得借助其他附加动作撑起。

(3)两次引体向上的间隔时间超过10秒停止测试。

十三、跳　　绳

1. 测试目的

测试学生的下肢爆发力和身体协调能力。

2. 场地器材

地面平整、干净的场地一块,地质不限。主要测试器材包括秒表、发令哨、各种长度的跳绳若干条。

3. 测试方法

两人一组,一人测试,一人记数。受试者将绳的长短调至适宜长度,听到开始信号后开始跳绳,动作规格为正摇双脚跳绳,每跳跃一次且摇绳一回环(一周圈),计为一次。听到结束信号后停止,测试员报数并记录受试者在1分钟内的跳绳次数。测试单位为次。

4. 注意事项

(1)学生参加跳绳测试时,应由教师计数。

(2)测试过程中跳绳绊脚,除该次不计数外,应继续进行。

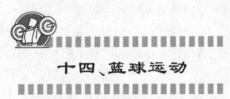

十四、篮球运动

1. 测试目的

测试学生综合身体素质和篮球基本技能水平。

2. 场地器材

测试场地长20米,宽7米,起点线后5米设置两列标志杆,标志杆距左右边线3米。各排标志杆相距3米,共5排杆,全长20米,并列的两杆间隔1米。测试器材包括秒表(使用前应进行校正,要求

《国家学生体质健康标准》测试的内容与意义

同50米跑)、发令哨、30米卷尺、标志杆10根(杆高1.2米以上)、篮球若干个。测试用球应符合国家标准。

3. 测试方法

受试者在起点线后持球站立,听到出发口令后,按下图所示箭头方向单手运球依次过杆,高中学生和大学生每次过杆时需换手运球。发令员发令后开表计时,受试者与球均返回起终点线时停表。每名受试者测两次,记录其中成绩最好一次。以秒为单位记录测试成绩,精确到小数点后1位,小数点后第2位数按非零进1原则进位。

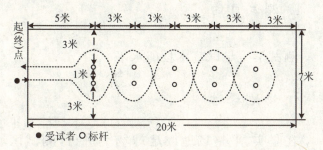

4. 注意事项

(1)测试中篮球脱手后,如球仍在测试场地内,受试者可自行捡回,并在脱手处继续运球,不停表。

(2)测试过程中出现以下现象均属犯规行为,

取消当次成绩:出发时抢跑、运球过程中双手同时触球、膝盖以下部位触球、漏绕标志杆、碰倒标志杆、人或球出测试区域、未按图示要求完成全程路线、通过终点时人球分离等。

（3）受试者有两次测试机会,两次犯规无成绩者可再测直至取得成绩。

十五、足球运动

1. 测试目的

测试学生足球基本技能水平。

2. 场地器材

在坚实、平整场地或足球场上进行,测试区域长30米,宽10米,起点线至第一杆距离为5米,各杆间距5米,共设5根标志杆,标杆距两侧边线各5米,如下图所示。测试器材包括足球若干个(测试用球应符合国家标准),秒表(使用前应进行校正,要求同50米跑),30米卷尺,5根标志杆(杆高1.2米以上)。

《国家学生体质健康标准》测试的内容与意义

3. 测试方法

受试者站在起点线后准备,听到出发口令后开始向前运球依次过杆,不得碰杆。受试者和球均越过终点线即为结束。发令员发令后开始计时,受试者与球均返回终点线时停表。每人跑两次,记录其中成绩最好的一次成绩。以秒为单位记录测试成绩,精确到小数点后一位。小数点后第二位数按非零进1原则进位。

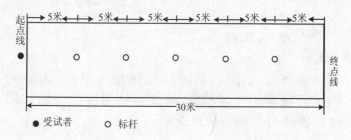

4. 注意事项

(1)测试过程中出现以下现象均属犯规行为,取消当次成绩:出发时抢跑、漏绕标志杆、碰倒标志杆、故意手球、未按要求完成全程路线等。

(2)受试者有两次测试机会,两次犯规无成绩者可再测直至取得成绩。

十六、排球运动

1. 测试目的

测试学生排球基本技能水平。

2. 场地器材

在坚实、平坦的场地或排球场上进行,大学的测试区域为 3 米×3 米,测试器材为排球。测试用球应符合有关国家标准。

3. 测试方法

受试者在规定的测试区域内原地将球抛起,个人连续正面双手垫球,要求手型正确、击球部位准确、达到规定的高度,球落地即为测试结束,按次计数。受试者每次垫球应达到的高度,大学男生为 2.43 米,女生为 2.24 米。每名受试者测试两次,记录其中成绩最好的一次。测试单位为次。

《国家学生体质健康标准》测试的内容与意义

4. 注意事项

（1）测试过程中如出现以下现象均只作为调整，不计次数：采用传球等其他方式触球、测试区域之外触球、垫球高度不足等。

（2）为方便判定垫球高度，可将排球场的球网调整到相应的高度，或者在测试区域外相距0.5米处插两根标杆，标杆顶端用橡皮筋或标志线相连，将标杆调整到相应的高度进行判定，测试时通过比较垫球的高度与球网或标志线的高度进行判定。

测试身高标准体重有何意义？

身高标准体重是指身高与体重两者的比例应在正常的范围。它通过身高与体重一定的比例关系，反映人体 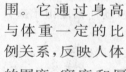的围度、宽度和厚度以及人体的密度，是评价人体形态发育水平和营养状况及身体匀称度的重要指标。人的体形肥胖、健壮或瘦弱，都是针对身高与体重的比例是否协调与适中而言。经常检测身高标准体重，对于掌握自己的体重是否适宜，是否需要

调整饮食,评定运动量的大小和生理机能的变化等,都有重要的意义。

身高标准体重测量方法简便易行,它可间接反映人体的身体成分。如果你所测得的身高标准体重数值小于或大于同年龄段的身高标准体重的范围,就说明你身体的匀称度欠佳,需要通过调整饮食结构或积极参加体育运动来增加肌肉组织或减少体内多余的脂肪。

促进青少年长高的几项运动

(1)跳远:立定或助跑跳远均可。可根据自己体质情况做7～10次,中间适当休息。

(2)仰卧起坐(两头翘):根据体能每组做8～12次,3～5组为宜,组间适当休息。

(3)拉腰背:坐在垫(床)上,两腿前伸,双脚并立,收腹含胸,躯干尽量前屈,低头、伸颈,两臂同时前伸,摸到脚为好。每组做8～12次,3～4组为宜。做时注意由慢到快,动作幅度由小到大,循序渐进,以防韧带拉伤。

(4)摸高:原地或助跑三五步起跳,物体高度以尽力方可摸到为宜。左、右手各进行5次为一组,组间休息2分钟。可根据自己身体情况做3～5组。最好在开阔、平坦、软硬适度的场地上练习。

《国家学生体质健康标准》测试的内容与意义

台阶试验指数是高好还是低好?

台阶试验指数是反映人体心血管系统机能状况的重要指数。台阶试验指数值越大,反映你心血管系统的机能水平越高;反之亦然。经常参加有氧代谢运动,可提高你心血管系统的机能水平,其表现为,在完成台阶试验定量负荷工作时脉搏搏动次数下降;在试验结束后脉搏的搏动次数恢复到安静状态下的次数所用的时间缩短;台阶试验指数增高。

为什么采用肺活量体重指数进行评价?

肺活量是评价人体呼吸系统机能状况的一个重要指标。科学家指出:肺活量低的人难以与肺活量高的人一样同享高寿。由于肺活量的大小,与体重、身高、胸围等因素有着密切的关系。因此,为了将学生身体发育的不同步因素在肺脏机能的评价中得以体现,所以选用了肺活量体重指数进行评价。

如何提高肺活量？

(1)坚持参加适当的体育锻炼,根据自己年龄,选择2~3项体育锻炼项目,不可贪多求全,运动不可过度,而要量力而行,持之以恒,循序渐进。

(2)坚持参加适当的体力活动,根据年龄、性别和职业,参加体力活动,从事脑力劳动的人,也需要经常参加适当的体力活动。

(3)坚持每天做扩胸动作,先握紧拳头,然后向左右上下前后用力拉推伸展动作50次左右。同时做伸懒腰、活动颈椎10次。

(4)防止烟雾损害肺部,居室和工作、学习场所都要注意空气卫生,居室要常开窗户,促进空气流通,及时消除室内烟雾,吸烟者戒烟。

握力体重指数的含义是什么？

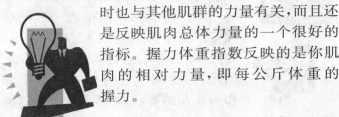

握力主要反映了你前臂和手部肌肉的力量,同时也与其他肌群的力量有关,而且还是反映肌肉总体力量的一个很好的指标。握力体重指数反映的是你肌肉的相对力量,即每公斤体重的握力。

立定跳远是测量腿部肌肉的力量吗？

立定跳远主要是测量你向前跳跃时下肢肌肉的爆发力。力量(最大力量)在体育

《国家学生体质健康标准》测试的内容与意义

运动和日常生活中都是非常重要的身体素质。不仅参加体育比赛需要力量,而且在日常生活中,如在搬运重物时也需要力量,此外骑自行车、爬山、远足等休闲活动都需要腿部力量。腿部的爆发力是以腿部的力量为基础,没有力量就谈不上爆发力,也谈不上肌肉的耐力。

立定跳远动作要领:两脚自然分开,两腿屈膝半蹲。两臂后摆,上体稍前倾。然后两臂迅速向前摆动,两脚用力蹬地向前上方跳起,接着迅速收腹屈膝,两腿并拢,两臂后摆,小腿向前伸,脚跟着地后,上体迅速前移,两臂前摆。

立定跳远动作重点:两腿快速蹬跳,髋、膝、踝充分伸直。

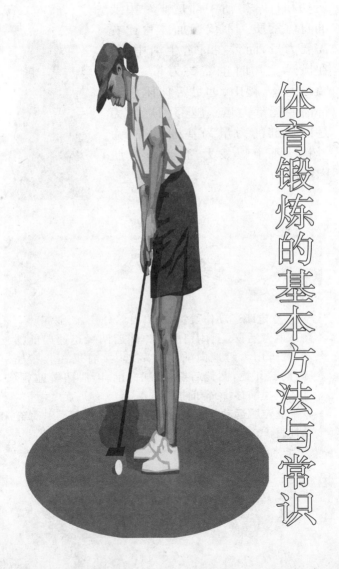

体育锻炼的基本方法与常识

体育锻炼的基本方法与常识

一、适宜运动的健身作用

生命在于运动,健康在于锻炼。

不同年龄、不同性别、不同体质的人的运动强度有一定有差别,但有一个大致的范围和一定的规律。我国健身运动常用的运动强度公式是:180—年龄=运动时的心率,在达到适宜心率后,要在此基础上至少要持续 10 分钟以上才有显效。运动形式可多种多样,因人制宜。健康人一般经过 6~8 周的科学锻炼即可见到效果,首先是心肺功能的提高,此外,免疫力一般也会有所提高。如果坚持科学锻炼 2 个
月左右,则肌肉力量和体内脂肪等成分会改变。根据个人情况应该选择适宜的锻炼方式。坚持健身跑,就可调动体内抗氧化酶的积极性,抗衰老;手脚并用的项目如滑雪、游泳等,减肥效果好;壮年可选择拳击、举重、爬山;跳健美操可加强平衡性和协调性锻炼;增氧运动都有健脑作用,尤以弹跳为佳,可促进血液循环,供给大脑充足能量;打乒乓球对于增加睫状肌的收缩功能很有益,视力恢复更明显;可供高血压病人选择的运动方式有散步、骑自行车、游泳,不宜采用举、拉、推、挑重物之类的活动。

---

(1)适宜运动强度范围,可用靶心率来控制(以本人最高心率的70%～85%的强度作为标准):靶心率=(220－年龄)×(70%～85%)。如20岁的靶心率是140～170(次/分钟)。

(2)最适宜运动心率的计算公式为:

最大心率=220－年龄

心率储备=最大心率－安静心率

最适宜运动心率=心率储备×75%＋安静心率

二、人体缺乏运动的危害

缺乏运动或运动不足会给健康带来一定的不良影响,可导致体力下降,肌肉无力,还可能不同程度的影响生理功能状况,导致疾病的潜在因素生成。它的危害是一个慢性积累的过程,到了一定时期或年龄阶段容易发病,疾病发展到一定程度会形成不可逆的病理变化。

体育锻炼的基本方法与常识

三、新型健身运动——跑出新花样

1. 手跑有益身心

健身专家近来设计了一种新型的健身运动——"手跑",就是以"手"为中心进行的健身活动。研究认为,"手跑"特别适合腿脚不灵便或有残疾的老年人,不仅能起到与慢跑相同的健身效果,而且还有助于防治老年人常见的肩周炎、网球肘、关节炎等疾患。

手跑形式多种多样,健身者可躺在草地上、沙滩上或垫子上进行,当然也可以躺在床上进行。仰卧身体,双臂向上伸直,活动手指,甩动腕肘部,伸展手臂等,目的是促进血液循环,让整条手臂的所有关节都能活动开。

> 运动频度:指每周的锻炼次数。研究表明,1周运动1次,肌肉酸痛和疲劳每次发生,运动后1~3天身体不适,效果不蓄积;1周运动2次,酸痛和疲劳减轻,效果有点蓄积,不明显;1周运动3次,无酸痛和疲劳,效果蓄积明显;1周运动4~5次,效果更加明显。可见,1周运动3次以上,效果才明显。

2. 雨跑健脑强体

据医疗气象部门研究认为,细雨中慢跑有许多晴天慢跑无法比拟的保健作用。一场毛毛细雨,不仅可使树更青、草更绿、路更洁,而且能消除尘埃,让空气更干净、更清新。另外,细雨滴洒时产生的大量负离子,有"空气维生素"之誉,能松弛神经,降低血压,加强新陈代谢。所以运动专家指出,雨中慢跑不仅能健身强体,还是一种很好的健脑活动,有利于大脑由紧张趋于平静,也就是人们常说的心理和精神上的调节。接受

雨水淋浴按摩,更令人身心皆振,耳目一新,疲劳及郁闷顿消,促进机体对外界环境变化的适应,对于预防感冒,增强自身抵抗力等,都是大有裨益的。

3. 水跑可以减肥

运动学专家说:水的阻力是空气阻力的12倍,在水中跑45分钟即相当于在陆地上跑2小时。因此,在水中跑是一项更有效的健身法。想减肥的人

体育锻炼的基本方法与常识

在水中慢跑不仅可以去除腹部多余的脂肪,而且能够使双腿变得修长。水中慢跑要循序渐进,在水中慢跑 5 分钟后,心跳速度不应超过每分钟 110~130 次,并以休息和运动两种状态交替进行为宜。

四、如何练就一身好肌肉

1. 运动后多吃水果蔬菜

运动后身体处于酸性状态,水果蔬菜是碱性食物,可以尽快平衡体内的酸碱度,保持身体健康,尽快消除运动带来的疲劳。

2. 脂肪不可少

如果每日摄入热量的 30%~40% 来自脂肪,雄性激素分泌就会达到最高水平。雄性激素对增加大肌肉块有至关重要的作用。它还可以减少肌肉组织中脂肪的含量。

3. 8小时睡眠

健身者每天至少需要 8 小时的持续睡眠。酣睡期间生长激素不断释放,细胞修复的进程加速,更重要的是大部分能量物质的合成、再生基本上在睡眠时进行。如果你比正常睡眠少睡 1 小时,那你就在延缓肌肉增长。人体的生长始终遵循"身体活动—休息—修复组织—彻底恢复"的模式循环,只有这样才能使肌肉增大变粗。

4. 每周一顿鱼汤

鱼汤几乎不含脂肪,热量低,纯蛋白质含量高,属高质量蛋白质。蛋白质是合成肌肉细胞的重要元素。另外,汤中富含钙、磷、氨基酸、多种维生素,极易被人体吸收,最适合在运动前和减脂期间用来保持体力。

5. 多吃豆类蔬菜

钙不是肌肉生长的必需物质,但它有助于肌肉的生长。因为肌肉收缩、心脏跳动都要消耗钙,缺

钙会影响神经肌肉的协调,引起肌肉痉挛。进行力量练习的人更需要摄入足量的钙,因为钙很容易随尿从体内流失。

6. 补充钙质

豆类蔬菜富含维生素 B、叶酸和铁质。不但可以帮助蛋白质的代谢,更重要的是促进血红细胞生成。肌肉在运动和代谢过程中需要氧气,血红细胞便是载氧的运输工具,血液的血红细胞含量越多,载氧能力就越强,肌肉的供氧来源就越充足,肌肉生长就越快。

7. 充足饮水

人体含有 67% 的水。多饮水可以清洗身体细胞组织,使微血管保持清洁、畅通,同时肌肉细胞再生也需要足够的水。每人每天以喝 2000 毫升水为好,也就相当于饮用 8~10 杯水。

健身的三大误区

练哪里就减哪里的脂肪

减脂肪,这个想法是不现实的。适度、合理的器械训练,才能有效地进行无氧代谢和有氧代谢,达到减肥的目的。"适度"是指在每次训练中完成的运动应不超过身体负荷;"合理"是指用科学的方法对全身各部位肌肉进行训练,而不只是单纯去练某一个部位的肌肉。

多出汗,多减脂

研究表明,大量排汗而不补充适当水分,极易造成虚脱。单纯的出汗并不能有效减肥,适量地增加一些器械训练才能达到良好的效果。

练健美操、形体操可美体

美体应合理利用器械做针对性锻炼,才可改变骨骼的相对角度,如使胸围变大、变小,肩变宽、臀变翘,只有身体各部位的合理锻炼,体型才能有明显改善。

五、如何使双腿健美

曲线优美的双腿,可大大增加女性的美丽,健美的双腿应该是由腰到腿逐渐变细,膝关节部位挺直、韧性好,小腿肌肉坚实有弹性,粗细适中,整条

体育锻炼的基本方法与常识

腿抬高时显示出优美而修长的曲线美。

腿的粗细是由腿部的肌肉体积大小和脂肪多少决定的。肌肉由无数肌纤维组成,肌纤维主要分成快肌纤维和慢肌纤维。快速力量性的锻炼,如短跑、举重等,主要是快肌纤维工作,使肌纤维的横断面增粗,使肌肉变得发达、强壮,所以建议适当减少做器械负重蹬腿及速度快、强度大的跑跳运动和芭蕾舞练习中的单纯腿部力量练习,而增加中等运动强度和时间较长的健身操练习以及游泳、长跑等耐力性运动,这些运动主要使慢肌纤维参加工作。由于慢肌

纤维周围毛细血管丰富,氧化脂肪能力较强,收缩时能消耗较多的脂肪,所以能使腿部形态修长而有力。

双腿过细的女性朋友则应该做些腿部力量练习,在平时看电视或闲坐时,不妨做些双腿勾绷活动及双腿屈伸动作,很有好处。

另外,除了锻炼外,还应注意平时站立的姿态。除昂首挺胸外,膝关节尽量伸直,使腿部肌肉紧张些,否则腿部也容易松弛粗胖。

六、运动损伤的防治

1. 训练方法要合理

要掌握正确的训练方法和运动技术,科学地增加运动量。

2. 准备活动要充分

3. 注意间隔放松

在训练中,每组练习之后为了更快地消除肌肉疲劳,防止由于局部负担过重而出现的运动伤,组与组之间的间隔放松非常重要。

4. 防止局部负担过重

训练中运动量过分集中,会造成机体局部负担过重而引起运动伤。

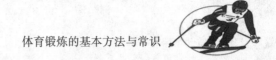

体育锻炼的基本方法与常识

5. 加强易伤部位肌肉力量练习

七、常见运动损伤的处理

1. 擦伤

即皮肤的表皮擦伤。如果擦伤部位较浅,只需涂红药水即可;如果擦伤创面较脏或有渗血时,应用生理盐水清创后再涂上红药水或龙胆紫药水。

2. 肌肉拉伤

指肌纤维撕裂而致的损伤。主要由于运动过度或热身不足造成,可根据疼痛程度了解受伤的轻重,一旦出现疼痛感应立即停止运动,并在痛点敷上冰块或冷毛巾,保持 30 分钟,以使小血管收缩,减少局部充血、水肿。切忌搓揉及热敷。

3. 挫伤

由于身体局部受到钝器打击而引起的组织损

伤。轻度损伤不需特殊处理,经冷敷处理 24 小时后可使用活血化瘀、消肿止痛的中成药,并加以理疗。

4. 扭伤

扭伤是由于关节部位突然过猛扭转,造成附在关节外面的韧带撕裂所致。多发生在踝关节、膝关节、腕关节及腰部。

(1)急性腰扭伤,让患者仰卧在垫得较厚的木床上,腰下垫一个枕头,先冷敷后热敷。

(2)关节扭伤,踝关节、膝关节、腕关节扭伤时,将扭伤部位垫高,先冷敷 2～3 天后再热敷。如扭伤部位肿胀、皮肤青紫和疼痛,可参照"肌肉拉伤"处理。

5. 脱臼

即关节脱位。一旦发生脱臼,应嘱病人保持安静、不要活动,更不可揉搓脱臼部位,妥善固定后送医院治疗。

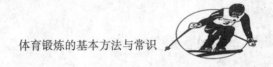

体育锻炼的基本方法与常识

6. 骨折

见骨折分为两种,一种是皮肤不破,没有伤口,断骨不与外界相通,称为闭合性骨折;另一种是骨头的尖端穿过皮肤,有伤口与外界相通,称为开放性骨折。对开放性骨折,不可用手回纳,以免引起骨髓炎,应用消毒纱布对伤口作初步包扎、止血后,找木板、塑料板等将肢体骨折部位的上下两个关节固定起来。怀疑脊柱有骨折者,需平卧在门板或担架上,躯干四周用衣服、被单等垫好,不致移动,不能抬伤者头部,这样会引起伤者脊髓损伤或发生截瘫。怀疑颈椎骨折时,需在头颈两侧置一枕头或扶持患者头颈部,不使其在运输途中发生晃动,再用平木板将身体和头颈固定成一体,并送医院处理。

八、剧烈运动后的五点忠告

1. 不能立即休息

剧烈运动时,人的心跳加快,肌肉、毛细血管扩张,血液流动加快,同时肌肉有节律性地收缩会挤压小静脉,促使血液很快地流回心脏。此时如立即停下来休息,肌肉的节律性收缩也会停止,原来流进肌肉的大量血液就不能通过肌肉收缩流回心脏,造成血压降低,出现脑部暂时性缺血,引发心慌气短、头晕眼花、面色苍白甚至休克昏倒等症状。所以,剧烈运动后要继续做一些小运动量的动作,呼吸和心跳基本正常后再停下来休息。

2. 不可马上洗浴

剧烈运动后,人体为保持体温的恒定,皮肤表面血管扩张,汗毛孔开大,排汗增多,以方便散热,如此时洗冷水浴,血管会因突然刺激而立刻收缩,血循环阻力加大,心脏负担加重,同时机体抵抗力降低,人容易生病。而如洗热水澡则会使皮肤内的血液流量继续增加,血液过多地流进肌肉和皮肤中,导致心脏和大脑供血不足,轻者头昏眼花,重者虚脱休克,还容易诱发其他慢性疾病。所以,剧烈运动后一定要休息,等一会再洗浴。

3. 不应暴饮

运动后口渴时,有的人就暴饮开水或其他饮

体育锻炼的基本方法与常识

料,这样会加重胃肠负担,使胃液被稀释,既降低胃液的杀菌作用,又妨碍对食物的消化,而喝水速度太快也会使血溶量增加过快,突然加重心脏的负担,引起体内钾、钠等电解质发生紊乱,甚至出现心力衰竭,心闷腹胀等症状,故运动后不可过量过快饮水,更不可喝冷饮,否则会影响体温的散发,引起感冒、腹痛或其他疾病。

4. 不宜大量吃糖

有的人在剧烈运动后觉得吃些甜食或糖水很舒服,就以为运动后多吃甜食有好处。其实运动后过多吃甜食会使体内的维生素 B_1 大量消耗,人就会感到倦怠、食欲不振等,影响体力的恢复。因此,剧烈运动后最好多吃一些含维生素 B_1 的食品蔬菜、肝、蛋等。

5. 不能饮酒除乏

剧烈运动后,人的身体机能会处于高水平的状态,此时喝酒会使身体更快地吸收酒精,对肝、胃等器官的危害就会比平时更甚,长期如此可引发脂肪肝、肝硬化、胃炎、胃溃疡、痴呆等疾病。

九、盛夏锻炼六忌

1. 忌在强光下锻炼

中午前后,烈日当空,气温最高。除游泳外,忌在此时锻炼,谨防中暑。夏季阳光中紫外线特别强烈,人体皮肤长时间被照射,可发生Ⅰ度~Ⅱ度灼伤。紫外线还可以透过皮肤、骨头,辐射到脑膜、视网膜,使大脑和眼球受损伤。

2. 忌锻炼时间过长

一次锻炼时间不宜过长,20~30分钟为宜,以免出汗过多,体温上升过高而引起中暑。如果一次锻炼时间较长,可在中间安排1~2次休息。

3. 忌锻炼后大量饮水

夏季锻炼出汗多,如这时大量饮水,会给血液

体育锻炼的基本方法与常识

循环系统、消化系统,特别是心脏增加负担。同时,饮水会使出汗更多,盐分则进一步丢失,从而引起痉挛、抽筋等症状。

4. 忌锻炼后立即洗冷水澡

因为夏季锻炼体内产热量增加快,皮肤的毛细血管也大量扩张以利于身体散热。突然过冷刺激会使体表已开放的毛孔突然关闭,造成身体内脏器官紊乱,大脑体温调节失常,以致生病。

5. 忌锻炼后大量吃冷饮

体育锻炼可使大量血液涌向肌肉和体表,而消化系统则处于相对贫血状态。大量的冷饮不仅降低了胃的温度,而且也冲淡了胃液,轻则可引起消化不良,重则会导致急性胃炎。

6. 忌锻炼后以体温烘衣

夏季运动汗液分泌较多,衣服几乎全部湿透,有些年轻人自恃体格健壮常懒于更换汗衣,极易引起风湿病或关节炎。

十、运动中常见的生理反应

在体育锻炼过程中,人体的生理平衡受到暂时性破坏,并出现某些生理反应。这种反应,称之为"运动生理反应"。常见的运动生理反应及处理方法如下:

1. 肌肉酸痛

(1)原因:多数是由于平时缺乏锻炼或运动量过大所致。

(2)预防与处置:要做好准备活动,运动开始时运动量小些,以后逐渐增加,就是在一个阶段性的锻炼中,也要遵循循序渐进的原则。每次锻炼后,要及时做好放松活动,如仍然有酸痛现象,可采取局部按摩、热敷或用松节油擦抹等,以促进气血通达,缓解酸痛。

2. 运动中腹痛

(1)原因:由于准备活动不充分或者在长跑和

其他激烈运动时,膈肌运动异常,血液瘀积在肝脾两区,引起两肋间肌疼痛,或者在运动前饮食过多,或者过于紧张引起胃肠痉挛等,都会引起腹痛。

(2)预防与处置:做好准备活动,运动负荷要循序渐进,并注意呼吸自然,切忌闭气。如已产生腹痛,可适当减慢跑速,加深呼吸,揉按疼痛部位或弯着腰跑一段,即可缓解疼痛;腹痛严重者,可停止运动,并口服十滴水或普鲁苯辛 1 片/次。如仍不见效,应护送医院诊断治疗。

3. 肌肉痉挛(抽筋)

(1)原因:由于肌肉突然猛力收缩或用力不均匀,或因受到过冷水温(或气温)的刺激,或收缩与放松不协调等都会引起肌肉痉挛。

(2)预防与处置:在运动前对容易发生痉挛的部位充分做好准备活动,并适当按摩,同时点按委中、承山、涌泉等穴位。

4. 运动性昏厥

(1)原因:在运动过程中,脑部突然血液供给不足,并达到一定程度时,发生一时性知觉丧失现象,称之为"运动性昏厥"。其症状表现为面色苍白、手脚发凉、呼吸缓慢、眼睛发黑、失去知觉而昏倒。其主要原因是,因为长时间剧烈运动,四肢回流血液受阻,或突然锻炼,或久蹲后骤然站起,或疾跑后急停,或空腹状态下锻炼出现低血糖等,都可引起运动性昏厥。

（2）预防与处置:平时应经常参加体育锻炼,以增强体质。

运动时要控制运动负荷,防止过度疲劳。如一旦出现运动性昏厥,应及时将患者平卧,使脚高于头部,并进行由小腿向大腿、心脏方向推摩,也可点按人中、合谷穴。如发生呼吸障碍,即进行人工呼吸。轻微患者可同伴搀扶慢走,并协助做伸展运动和深呼吸等。

5. 极点和第二次呼吸

（1）原因:由于剧烈运动,内脏器官的功能存在惰性与肌肉活动需要不相称,致使氧债不断积累,乳酸堆积,达到一定程度时,就会出现胸闷、呼吸急促、下肢沉重、动作不协调,甚至恶心、呕吐等现象。这就是运动生理学中所称的"极点"。

（2）预防与处置:平时应加强体育锻炼,不断提高机体对运动的适

体育锻炼的基本方法与常识

应力,这可延缓极点出现的时间并减轻症状。当极点出现后,应适当减小运动负荷,加深呼吸,上述异常反应可逐渐缓解或消失。随后,运动又重新变得轻松、协调,运动能力又有提高。这种现象称之为"第二次呼吸"。"极点"是运动中常见的生理现象,因此不必疑虑和恐惧。

十一、什么运动减肥最有效

减肥最有效又最安全的方法只有运动一途,所以不少人也想知道什么运动最有利减肥。就运动形式来说,一般可选择节奏中等或较快的运动,规定距离的匀速跑(1500 至 3000 米)、网球、羽毛球、健身操、体育舞蹈等都较为理想。

就运动强度而言,中等强度则较适合。从能量代谢的角度上看,中等强度运动可促使人体内的脂肪转变为游离脂肪酸进入血液,作为能源而消耗掉,即使没被消耗的游离脂肪酸也不再合成脂肪,中等强度运动并不增加食欲,可避免运动引起摄入更多能量,加剧体内脂肪积存。中等运动强度通常可通过心率测定来控制,20～39 岁年龄段的心率为 125～135 次/分钟。减肥健身运动的时间则宜安排在晚餐前 2 小时进行。

运动瘦身的原理

肌肉的运动需要的能量来自于两部分：体内的糖和脂肪。

体内糖：当人进行短时间的剧烈运动时，体内的糖大量分解，产生能量供肌肉使用。

体内脂肪：当人进行长时间的运动时，体内糖提供的热量远不能满足需要，于是体内的脂肪经过氧化分解，产生热能供人体使用。

无氧运动——

当人进行短时间的剧烈运动时，人体处于暂时缺氧状态，体内的糖大量分解，产生能量供肌肉使用。因而无氧运动并不会消耗脂肪。

有氧运动——

当人进行长时间的耐力运动时，体内糖提供的热量远不能满足需要，通过增加氧气的供给，体内的脂肪经过氧化分解，产生热能供人体使用。

瘦身运动最好采用长时间的耐力性体育运动，如步行、慢跑、游泳、自行车、跳操、跳舞等等。

有氧运动	无氧运动	混合运动
步行	短距离全速跑	足球
慢跑	举重	橄榄球
自行车	拔河	手球
网球	跳跃项目	篮球
排球	投掷	冰球
高尔夫球	肌力训练	间歇训练
远足	潜水	

体育锻炼的基本方法与常识

十二、制定减肥运动处方

1. 运动强度

运动强度应该多大为好主要取决于效率这个问题。20岁以下的年轻人,最高心率一般在200次/分,要达到有氧运动最佳效果,一般认为运动强度达到最高心率70%到80%左右为好,如果是刚开始进行运动减肥的超重者或肥胖者,在最初的几周内你选择最高心率为70%为好,其后再慢慢提高到80%。应该注意的是,不同的人要达到这个强度所选择的运动量是不一样。脂肪积蓄过多的人,稍微走快一点儿,心率就很容易上升到140左右;而身体稍胖一点的人,可能必须慢跑才能达到140左右;而一个训练有素的运动员,就必须以相当快速度跑才能达到这个

值。故不同的人要达到这个运动强度,应选择不同

量的运动,其心脏、肺、肌肉得到的运动效果是相同的。

2. 运动时间

运动强度可以慢慢上升,而运动从一开始就应该有足够的持续时间。只有足够的持续时间,才能促进身体内的发生变化。有氧运动的规则是,从心率达到理想运动中心率(最高心率的 70%～80%)起,持续运动 12 分钟。运动时间即 12 分钟加上从开始运动到心率提高到理想运动中心率时所花的准备活动时间。当然持续运动更长时间运动效果会更好,但最初的 12 分钟比后来运动时间产生的效果更持久、更有效。

3. 运动频度

运动强度和运动时间以及运动次数合理的搭配,是有氧运动取得好的效果的保障。有氧运动的主要标准是持续而稳定。所以,推荐每周进行 6 次强度在 70%～80% 和时间为 12 分钟的运动。

4. 运动方式

有氧代谢运动的四个要点:
(1)首先是持续而稳定的运动;

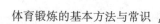体育锻炼的基本方法与常识

(2)运动强度保持最高心率的 70%～80%；
(3)持续时间最少 12 分钟；
(4)每周坚持 5～6 次。

运动要择时、择地

以下是几个不宜运动的时间：

进餐后，进餐后需要较多的血液流到胃肠道，帮助食物消化与养分吸收，如果这时参加运动就会造成血液流向四肢，妨碍胃肠的消化，时间一长就会导致疾病。体弱者进餐后血压还会降低，称为餐后低血压，外出活动容易跌倒。

情绪不好，运动不仅是身体的锻炼，也是心理的锻炼。当你生气、悲伤时，不要到运动场上去发泄。运动医学专家的解释是：人的情绪直接影响着身体的生理机能，而情绪的变化又产生于大脑深部，并扩散到全身，在心脏及其他器官上留下痕迹，这种痕迹将影响人体机能的健康。

择地：

在不适当的地点运动会带来伤害，由于运动的基本功能是通过呼吸从外界摄入大量新鲜氧气，以满足健康的需求，故运动前一定要选择好地点，以平坦开阔，空气新鲜的公园、河滩、体育场等处最佳。

学生体质健康标准手册

十三、在电脑桌前运动

（1）坐在椅上，背要直，双手放膝盖。一臂前伸，连同身体一起后转，目光盯住手掌——吸气，还原——呼气，换手再做。

（2）坐在椅上，双手放膝盖。屈臂握拳，勾脚尖抬起，稍停。双手放回膝盖的同时，绷脚尖，脚后跟带动脚尖一起转动。

（3）双臂屈肘，双手放肩上。两肘前后做圆周运动。

（4）双臂交叉，胸前抱臂。抬起双臂，在胸前做圆周运动，同时活动双肩、肩胛骨和胸肌。

（5）坐在椅上，背要直，双手抱一膝盖尽量贴近腹部，然后向前伸直这条腿，放回地面，换腿再做。

（6）向前伸直双手，做游泳的动作，如蛙泳。尽量向前和向两侧伸长身体。

（7）坐在椅上，一条腿膝盖弯曲后转向一

体育锻炼的基本方法与常识

侧——如同朝一侧跨出跨出一步。还原,换腿再做。

(8)屈臂握拳,放胸前,伸开双手向前、向两侧、再向上伸。

(9)一条腿伸直,脚尖朝上,另一条腿弯曲,脚尖朝下,模仿走路动作,轮流换脚。

(10)坐在椅上双腿伸直,抬腿,向两侧转动,在地板上空划圆。

(11)坐在椅上屈臂,双手放肩上,左右来回转动身体,使胳膊肘尽量靠近椅背。

(12)坐在椅上,双手放头后,头向两侧来回转动。

(13)双手放膝盖,一只手从上伸肩后,另一只手从下向上伸肩胛骨处,双手背后交叉,换手再做。

(14)紧贴椅背坐在椅上,挺直脊柱,微微低头,向两侧轻轻转动。假设胸前有一小球,尽量用下额去够球,眼睛睁大,跟着头转动。

感冒可以锻炼吗?

有些人认为,得了感冒后不用吃药治疗,只要打打球或跑跑步,运动一下,出一身汗,就会好转。其实这是不对的。

有些青年人在感冒后打打球、跑跑步、出些汗后,感冒症状的确会减轻一些。这种情况,多见于少数体质较强、发病在感冒初期且症状较轻的人身上,但对于多数人来说,是有害无益的。因为,感冒病毒通常是首先侵犯上呼吸道,故感冒初期多有流鼻涕、打喷嚏、咳嗽、咽喉痛等症状。如果坚持体育锻炼,呼吸势必加速;体内产热速度加倍增快、代谢旺盛,势必造成体温过高,进而使体内调节功能失常;中枢神经过度兴奋,氧气和营养过度消耗,这不仅加重心肺负担,也会削弱病人的抵抗力。当感冒为细菌引起时,由于致病细菌大多为一种溶血性链球菌,少数为肺炎双球菌,当全身症状较重,如不及时休息和治疗,就有可能使局限于上呼吸道的病毒与细菌轻易地通过防御"关卡"而进入下呼吸道,除了可继发鼻窦炎、支气管炎外,往往会导致严重的支气管炎,甚至肺炎,还有可能引起风湿病、肾炎等,少数可继发病毒性心肌炎。

因此,感冒时不宜参加体育锻炼,而应在医生指导下服药,注意多休息,不宜带病运动或劳动,待感冒痊愈后休息几天再参加活动为好。

体育锻炼的基本方法与常识

十四、运动性疲劳消除法

1. 充足睡眠

睡眠是消除疲劳恢复体力的关键。运动者每天应保证8～9个小时的睡眠,使机体处于完全放松状态。

2. 按摩

通过按摩不但能促进大脑皮层兴奋与抑制的转换,使因疲劳引起的神经调节紊乱消失,还可促进血液循环,加强局部血液供应,消除疲劳。按摩时以揉担为主,交替使用按压、扣折等手法,按摩可在运动结束后或晚上睡觉前进行。

3. 整理运动

剧烈运动后骤然停止,会影响氧的补充和静脉血回流,使血压降低,引起不良反应。因此,运动后应做整理运动,动作缓慢、放松,从而使身体恢复。

4. 温水浴

温水浴有刺激血管扩张,促进新陈代谢和血液循环,消除疲劳的作用。温水浴的温度宜在40℃左右,每次15~20分钟。

5. 药物疗法

使用维生素或天然药物,能有效调节人体生理机能,加速新陈代谢,补充能量,减少组织耗氧量,改善血液循环,补充肌肉营养。目前,常用药物有维生素B_1、维生素B_{12}、维生素C、E、黄芪、刺五加、人参、冬虫夏草和花粉等。

6. 合理安排膳食

疲劳时应注意补充能量和维生素,尤其是糖、维生素C及B_1,应选吃富有营养和易于消化的食品,多吃新鲜蔬菜、水果。

体育锻炼的基本方法与常识

十五、夏日如何防中暑

中暑的发生主要与温度、湿度、通风、日晒和个人体质及营养有关,避免中暑要注意以下几点:

(1)避免在高温和阳光曝晒的环境下活动过久,特别是慢性心脑血管疾病、慢性肝肾疾病患者。

(2)适量补充含有钾、镁等元素的饮料,而西瓜汁和绿豆汤等饮品对防暑有很好的效果。

(3)缺乏运动会使人免疫力下降,造成中暑。

(4)养成良好的卫生和生活习惯:蔬菜和水果要洗净后食用,不食用劣质食品,保持居室的通风。

十六、锻炼身体应注意的六不宜

(1)锻炼不宜骤然进行:锻炼前应先做些简单

69

的四肢运动,以防韧带和肌肉扭伤。

(2)雾天不宜进行锻炼:雾珠中含有大量的尘埃、病原微生物等有害物质,锻炼时由于呼吸量增加,肺内势必会吸进更多的有害物质。

(3)锻炼时不宜用嘴呼吸:锻炼应养成用鼻子呼吸的习惯,因鼻子里有很多毛,它能滤清空气,使气管和肺部不受尘埃、病菌的侵害。

(4)锻炼时不宜忽视保暖:锻炼要等身体微热后再逐渐减衣,锻炼结束时,应擦净身上的汗液,立即穿上衣服,以防着凉。

(5)空腹不宜进行锻炼:空腹血糖偏低,人体血液粘滞,加上气温低、血管收缩等因素,若空腹锻炼就可能使人因低血糖和心脏疾病而猝死。

(6)早起不宜外出锻炼:清晨空气并不新鲜,下午4时左右锻炼为宜,因为此时的空气富含氧气负离子。

体育锻炼的基本方法与常识

十七、力量训练的主要手段

（1）负重抗阻练习。如运用杠铃、壶铃、哑铃等训练器械。

（2）对抗性练习。如双人顶、推、拉等，依靠对抗双方以短暂的静力作用发展力量素质。

（3）克服弹性物体的练习。如使用拉力器、拉橡皮带等，依靠弹性物体变形而产生的阻力发展力量素质。

（4）利用力量训练器械练习。利用力量训练器械，可以使身体以各种不同的姿势进行练习，可直接发展运动员所需要的肌肉力量，使训练更有针对性。使用力量训练器械，还可以减轻运动员的心理负担，避免伤害事故的发生。

（5）克服外部环境阻力的练习。如沙地和草地跑、跳练习等。

（6）克服自身体重的练习。如引体向上、倒立推起、纵跳等。这类练习均由四肢的远端支撑完成，迫使肌体局部承受体重，使肌体局部部位的力量得到发展。

十八、速度训练的主要手段

1. 提高动作速度的方法手段

(1)减小外界自然条件的阻力。如顺风跑等。

(2)利用动作加速或利用器械重量变化而获得的后效作用发展动作速度。如利用下坡跑至平地继续快跑,可获得加速后效作用。

(3)借助信号刺激提高动作速度。如利用同步声音的伴奏,使运动员伴随着声音信号的快节奏做出协调一致的快速动作。

(4)缩小完成练习的空间和时间界限。如利用小场地练习球类。

2. 提高移动速度的方法手段

(1)多采用85%～95%的负荷强度,练习的重

复次数不应过多,以免训练强度下降。

(2)确定间歇时间的长短,应能使机体得到相对充分的恢复,以保证下一次练习的进行。

(3)高频率的专门性练习。如做高抬腿跑、小步跑、后蹬跑、车轮跑等。

(4)利用特定的场地器材进行加速练习。如斜坡跑和骑固定自行车等。

十九、耐力训练的主要手段

(1)各种形式的长时间跑。

(2)长时间进行周期性运动。如速度滑冰、划船、自行车等。

(3)反复做克服自身体重的练习,坚持较长时间的抗小阻力的练习。

二十、柔韧训练的主要手段

(1)发展肩部、腿部、臂部和脚部的柔韧性主要手段有:压、搬、劈、摆、踢、绷及绕环等练习。

(2)发展腰部的柔韧性主要手段有:站立体前

屈、俯卧背伸、转体、甩腰及绕环等练习。

二十一、灵敏训练的主要手段

（1）在跑、跳当中迅速、准确、协调地做出各种动作，如快速改变方向的各种跑，各种躲闪和突然起动的练习，各种快速急停和迅速转体的练习等。

（2）各种调整身体方位的练习。如利用体操器械做各种较复杂的动作等。

（3）专门设计的各种复杂多变的练习。如立卧撑、十字变向跑及综合变向跑等。

（4）各种改变方向的追逐性游戏和对各种信号作出复杂应答的游戏等。

二十二、对竞技项目的分类

体育锻炼的基本方法与常识

1. 按运动成绩评定方法对竞技项目的分类

测量类	评分类	命中类		制胜类	得分类
田径	体操	无防型	设防型	摔跤	乒乓球
旅游	艺术体操	射箭	篮球	柔道	羽毛球
速度滑冰	技巧	射击	手球	拳击	网球
滑雪	花样滑冰		足球	跆拳道	排球
自行车	花样旅游		水球		
划船	马术		曲棍球		
举重	武术套路		冰球		
			剑		

75

2. 按竞技能力的主导因素对竞技项目的分类

大类	亚类		主要项目
体能主导类	快速力量性		跳跃、投掷、举重
	速度性		短距离跑（100、200、400米）
			短游（50、100米）
			短距离速度滑冰（500米）
			短距离赛场自行车（200、1000米）
	耐力性		中长超长距离走、跑、滑冰
			中长超长距离游泳，越野滑雪
			中长超长距离公路自行车，划船
技能主导类	表现	准确性	射击、射箭、弓弩
		难美性	体操、艺术体操、技巧、跳水、花样滑冰、冰舞、武术（套路）、自由式滑雪、滑冰
	对抗	隔网	乒乓球、羽毛球、网球、排球
		同场	足球、手球、冰球、水球、曲棍球、篮球
		格斗	摔跤、柔道、拳击、击剑、武术（散打）

体育锻炼的基本方法与常识

二十三、引体向上的用力方法

1. 上臂用力

如果单独用上臂硬拉,次数不会多,特别是没有练过的和上臂力量较差或者是较胖的同学,有的根本不懂得怎样用力。首先要降低难度,利用低杠做斜身引体,或在低杠上让其他同学双手握住练习者(练习者身体呈水平状态)双腿来做引体向上,或在同学的帮助下(帮助的同学双手托练习者腰部稍用力使练习者用全力完全引体向上)体会其用力肌肉的感觉,可利用哑铃的上臂屈伸、爬竿等练习加强上臂的力量。

2. 腹、背肌的用力

平时经常做腹肌和背肌的练习,体会用力与放松的过程,如果引体向上能够把腹、背肌的力量用上,那么,他的次数可能会大大增加。那么引体向上如何把腹、背肌的力量用上呢?在引体向上时,上臂肱二头肌等屈肌群用力,腹肌也是人体的屈肌群之一,如能配合上臂用力微收腹用力(腿仍然绷直),把注意力高度集中在引体向上,它的力量也会倍增,这样做起来似乎会更轻松,放下背肌微用力,使腹肌更加放松,以增加肌力,来增加引体向上次数。

3. 利用呼吸及杠的反弹力配合做引体向上

引体向上可根据不同的力量型采用不同的呼吸方式,具有强的爆发力型的,可以采用憋气和单杠的反弹力快速做引体向上,如能做 20 次,第一次吸气快速做 14～15 次,然后呼气放下放松,第二次吸气做 3～4 次,然后再换气,第三次吸气做 1～2 次;另一种具有耐力型的,可采用 2～3 次交换一次呼吸,但也要采用放下放松呼气,快速吸气引体向上,配合单杠的反弹力;特别是在最后几次由于手臂力量下降,可以有意识地把下颌往上伸向杠面。

二十四、腹背肌群与仰卧起坐的锻炼方法

1. 仰卧起坐

(1)动作价值:发展腹部肌群,发展仰卧起坐的

能力与动作数量。

（2）动作方法：身体仰卧在垫上或床上，两腿屈膝稍分开，大小腿成直角，两手指交叉握贴于头的后部，另一人帮助压住两脚。起坐时，用力收腹屈背，双臂屈肘内收抱头前摆，双肘触及两腿膝关节，然后还原成仰卧姿势。如此反复进行练习。

（3）练习次数：20～50次为一组，做3～4组。

（4）注意事项：做时必须抱头，臀部不得离开垫子，肘关节必须触及膝关节，后倒还原后肩部必须触垫子。起坐时吸气，后倒时呼气，动作积极快速，节奏感强。

2. 仰卧举腿

（1）动作价值：增强腹肌力量，发展仰卧起坐专项力量。

（2）动作方法：身体仰卧在垫上或床上，两手扶住两侧垫子或床，两腿并拢伸直，脚面绷直，两腿直腿上举时用力收腹，两腿下放成预备姿势。如此反复进行练习。

（3）练习次数：10～30次为一组，做4组。

（4）注意事项：仰卧举腿时上体保持不动，腿高举时尽可能加快速度，然后慢放下。举时吸气，放时呼气。具备一定水平后，可以连续快速进行练习。

3. 斜面仰卧起坐

(1)动作价值:发展腹部肌群,增加动作难度,发展仰卧起坐专项力量。

(2)动作方法:选择斜坡或用木板、床将一端垫起制成斜面,脚高头低仰卧,收腹屈背,双臂前摆,手触脚。然后还原成仰卧。

(3)练习次数:20~30次为一组,做4组。

(4)注意事项:起坐时动作速度快,后倒时要放慢速度。起坐时吸气,后倒时呼气。此练习也可两人一组进行,一人按住练习者的脚。

4. 仰卧两头起(元宝收腹)

(1)动作价值:发展腹部肌群、背部肌群、屈髋肌群,发展仰卧起坐专项力量。

(2)动作方法:可在床上或地毯上进行练习。仰卧直体,两臂上举,两腿并拢伸直,脚面绷直。动作时,快速收腹发力,上体和两腿同时举起,以臀部支撑,两手与两脚相触及。如此反复进行练习。

(3)练习次数:5~15次为一组,做4组。

(4)注意事项:动作时快速用力收腹,臂腿伸直相触及。收腹举臂举腿时吸气,下放还原时呼气。

体育锻炼的基本方法与常识

5. 俯卧抬上体

（1）动作价值：发展背部与腰部等肌群力量。

（2）动作方法：直体俯卧于床上或垫子上，两手指交叉贴于头后，肘关节打开，另一人按住练习者小腿。抬头挺胸，上体用力抬起，尽量后屈，然后还原。

（3）练习次数：5～15次为一组，做4组。

（4）注意事项：动作时用力快速抬上体，上体抬起越高越好，还原下落时应放慢速度。上体触及垫子后立即抬起，上抬时吸气，还原时呼气。此练习也可负重做，即在背部负杠铃片等物体，但重量不宜过重，并应注意负重物体的稳定性。

二十五、掷实心球的练习方法

1. 技术结构

（1）握球。两手五指自然分开，握球的两侧。与两手握篮球的方法相同。

（2）投球。握好球后，两脚左右或前后开立，距离在一步左右。以前后开立为好，因为这样可以借助上步的速度使球体获得更大的出手速度。身体面对投掷方向,双手举球至头上方,上体稍向后仰,把腹、肩部拉开。投球时两腿用力蹬地,同时收腹、挥臂,此时,头稍抬,目视前上方,挥臂至前额上方,迅速将球沿42度左右角度向前方投出。球出手的同时后脚可向前迈出一步,但不能踩线。

2. 影响成绩的因素

(1)力量与爆发力。投掷项目需要人体用力。投掷实心球是双手同时用力的投掷项目,要求双手用力要均衡,出手速度要快,才能取得好成绩。同学们在练习中会发现,体重较重的学生投掷项目的成绩较好,这是因为他们的绝对力量比体重轻的学生大。

(2)投掷技术。投掷技术的外在表现形式就是出手角度与身体用力的协调性。

3. 练习方法

(1)徒手模仿练习。主要用于体会动作,特别是头的位置与视觉的方向。眼睛一定要看前上方,投掷时一旦眼看到地,投掷效果一定不好。

(2)挥臂练习。要求两臂挥至前额上方即停,用以练习出手时机。

(3)完整动作练习。一定要注意几个技术环

体育锻炼的基本方法与常识

节:一是出手时两臂一定要在头的两侧,手在前额上方;二是头的姿态,头一定要稍扬起,目视前上方;三是身体一定要成反弓,两腿协调地做出蹬地撑起的动作,这样才能投远。

体育锻炼与营养

体育锻炼与营养

一、运动营养与体育运动有何关系

运动营养与体育运动,在促进生长发育、维护健康、增强体质上是共同的。但是,营养是达到以上目的的物质基础,而体育运动是手段。

营养素与运动的关系

蛋白质:可以提高中枢神经系统的兴奋性,加强条件反射活动,改善自我感觉,降低疲劳程度,提高运动能力。

脂肪:是机体的一种重要热源质,其优点为供能时间长,体积小,产热高,是机体的压缩能量库。

糖:是运动中的重要能源物质,运动前和运动中合理的补充糖,可以减少糖原消耗,提高血糖水平,有利于维持运动能力。

维生素:是维持生命和调节代谢不可缺少的营养素。维生素缺乏,会造成机体活动能力减弱、抵抗力降低,体力和精力也随之下降。

矿物质:由于从事运动锻炼时,机体热能代谢水平较高,人体大量出汗,使体内钙、磷、钾、铁排出量和消耗量增加,所以练习者运动后应及时适量的进行补充,以维持人体正常的代谢机能和生理需要量。

水:运动期间和前后。体重因流汗而减少2%~3%时,血液浓度增加,会明显影响人体的运动能力等,所以要及时饮水,并以少量多次为原则。同时应饮接近血浆渗透压的淡盐水或饮料,以保持体内水盐的平衡。

二、运动时如何补水

(1)不能渴时才补液。因为当你感到口渴时,你丢失的水分已达体重的2%。

(2)运动前、中、后都要补液。运动前2小时补250~500毫升;运动前即刻补150~250毫升;运动中每15~20分钟补120~240毫升;运动后按运动中体重的丢失量,体重每下降1千克补液1升。

(3)不能补白水,也不能补高浓度的果汁,而应补运动饮料。饮白水会造成血液稀释,排汗量剧增,进一步加重脱水。果汁中过高的糖浓度使果汁由胃排空的时间延长,造成运动中胃部不适。运动饮料中特殊设计的无机盐和糖的浓度将避免这些不良反应。

(4)补充口感好的凉运动饮料。因为运动会抑制喝水的欲望,饮料口感好运动员就会喝得多,凉的液体在胃里的停留时间短,可以避免运动中的胃部不适。

体育锻炼与营养

三、巧克力小常识

巧克力中的多酚是很强的抗氧化剂。它可以抑制 LDL 胆固醇氧化（LDL 胆固醇，即"坏胆固醇"，是血中的"杂质"）。它可以引起动脉硬化、冠心病和心肌梗死等疾病。巧克力中的多酚还可以延长

人体内其他抗氧化剂,如维生素 E、维生素 C 的作用时间,并可以促进血管舒张,降低炎症反应和降低血凝块形成,从而起到预防心血管病的作用。

运动前,巧克力补充给身体的能量使肌肉和肝里的血糖处于最饱和的状态,有利于提高运动成绩;而运动后,巧克力也能及时补充人体在运动中消耗的能量,保持血糖的稳定,缓解低血糖,促进恢复和提高运动能力。

运动后不能急喝冷饮

剧烈运动能使体温上升到39℃左右,这时大量吃冷饮对消化道是一个强冷刺激,会引起消化道强烈蠕动,产生腹痛、腹泻。同时,冷热的急剧变化会使胃部血管突然收缩,次数多了就会引起消化吸收功能失调,造成消化不良或其他疾病。此外,运动后咽喉可能处于充血状态,过强的冷刺激会引起喉咙疼痛、嘶哑等症状。因此,运动后不宜马上吃冷饮,宜先休息一会儿再吃。

四、十种有益健康的食物

(1)花菜:实验表明,花菜中含有大量抗癌酶,其含量远远超过其他含酶食物。此外,花菜中还含有可以防止骨质疏松的钙质。

(2)草莓:草莓不但汁水充足,味道鲜美,还对人体健康有着极大的益处。草莓可以改善肤色,减轻腹泻,缓解疾病。与此同时,草莓还可以巩固齿龈,清新口气,润泽喉部。另外,其叶片和根部还可可用来泡茶,可谓浑身是宝。

(3)大豆:想要长寿的人应该多吃大豆,其原因在于大豆是植物雌激素含量最高的食物之一。

(4)酸奶:酸奶不仅有助于消化,还能有效地防止肠道感染,提高人体的免疫功能。与普通牛奶相比,酸奶脂肪含量低,钙质含量高,还富含维B_2、磷、钾,以及维B_{12},这些元素都对人体大有裨益。

(5)香菜:香菜中富含铁、钙、锌、钾、维生素 A 和维生素 C 等元素。香菜还可利尿,有利于维持血糖含量并能防癌。

(6)红薯:红薯中富含纤维、钾、铁、和维B_6,不仅能防止衰老,预防动脉硬化,还能有效地预防肿瘤。

(7)金枪鱼:金枪鱼的脂肪酸能降低血压,预防中风,抑制偏头痛,防止湿疹,缓解皮肤的干燥程度。每周金枪鱼油的服用量应为 240 克左右。

健身饮食三大误区

误区一:运动前和运动中不能吃东西。绝大多数人认为运动前不宜吃东西,专家认为这不能一概而论,如果感觉肌体需要,适当吃点东西是可以的。此外,运动中身体血液循环加快和水分消耗太多,人会感到渴和热,可适当补充水分,但不能暴饮。

误区二:经常锻炼者要多摄入蛋白质。人体对蛋白质的需求,并不与活动多少成正比。实际上蛋白质最关键的作用是提供人体必需的化学物质。运动员滑雪数十公里所需要的蛋白质并不比处于休息状态的人更多。人们通常所需的大部分蛋白质来自牛、羊等肉类和乳制品,多吃没有必要。

误区三:多吃营养补品有利于提高健身效果。实际上,对于大多数健康的成年人来说,补品是根本不需要的。生命肌体维持健康状态所需要的数十种养分,只能从每天吃的各种食物中获取。多吃营养补品,会造成营养上新的不平衡,损害健康。

(8)洋葱和大蒜:洋葱和大蒜能降低胆固醇、高血压、减少心脏病的发病率。实验证明,每天吃半个洋葱的人胃癌的发病率比普通人低50%;每周吃蒜的人,结肠癌的发病率也比普通人低50%。

(9)麦芽:麦芽优于玉米或燕麦之处在于它能降低结肠和直肠癌的发病率,因为它易被吸收。麦芽本身是无味的,因此要把它撒在麦片中或加在酸奶中。

(10)木瓜:木瓜中的维 C 远远多于橘子中的维 C 含量,而且木瓜有助于消化,还能够防止胃溃疡。木瓜尤其有助于消化人体难吸收的肉类,因而能有效地预防肠道疾病。

五、各类运动专项的营养特点

速度性运动项目	1. 充足的蛋白质、磷,以满足肌肉力量和神经活动的需要; 2. 糖、维生素 B_1、C 要充分; 3. 增加蔬菜、水果,以增加碱储备,中和酸血症
耐力性运动项目	1. 充足的糖,以增加糖原贮备; 2. 充足的维生素 B 族、C 和铁; 3. 相应增加脂肪,适量蛋白质及磷脂; 4. 途中补充含糖、盐饮料
力量性运动项目	1. 高蛋白、高维生素 B_2; 2. 适量补充钠、钾、钙、镁等微量元素,以保证神经肌肉的正常收缩功能
灵巧性运动项目	1. 热量的补充要严格控制; 2. 膳食中应有充分的蛋白质; 3. 适量补充维生素 B_1、C 和磷,以保证神经系统的机能; 4、适量增加维生素 C、B_{12} 和铁的供给量

六、运动饮料的生理意义

（1）防止过度脱水，过热引起的运动能力下降。
（2）防止酸碱平衡失调。

七、减肥食品

绿色食品 （应保证的食品）	瘦肉、鱼、和海产品、蛋类（去黄）、脱脂奶类、豆制品、蔬菜和含糖低的各种水果
黄色食品 （应限量的食品）	谷类食品、薯类食品、全蛋类食品、香蕉、葡萄和甜桔等水果
红色食品 （应严格限制的食品）	肥肉、油炸食品、奶油食品和含奶油的冷饮、果仁、糖果及高糖饮料、甜点和膨化食品

体育锻炼与营养

八、消耗80千卡热量的运动

运动方式	运动时间	运动方式	运动时间
广播体操	做12遍	洗小物件	77分钟
学生舞蹈	18分钟	晾晒衣物	100分钟
步行	27分钟(90米/分钟)	乘车站	70分钟
长跑	7分钟(100米/分钟)	上下电梯	1630层
跳绳	12分钟	扫除	扫11间房
游泳	6分钟(40米/分钟)	烫衣物	60分钟(站)
乒乓球	16分钟	普通炊事	100～120分钟
铺被褥	12人份	擦拭	31分钟

九、为什么糖对从事运动的人来说是最重要燃料呢

（1）糖提供能量迅速,运动肌肉中的糖转化成能量比从脂肪要快三倍以上。

（2）糖在体内燃烧后最终生成二氧化碳和水，二氧化碳很容易就从呼吸道呼出体外，水留在体内是有用之物。

（3）人体运动时，对氧的需要急剧地增加。糖燃烧时耗氧少，在缺氧的情况下，还可以短时间进行无氧的氧化，为机体提供能量。这就为肌体大大地减轻了缺氧之苦，运动时感觉比较轻松。

（4）糖摄入后很快就通过胃进入小肠，在胃内不过长时间地停留，不会造成运动时的胃部不适。糖在小肠内也容易被消化吸收。

十、不能忽视饮料中极微量的盐

（1）补充运动中因出汗而造成的无机盐丢失。我们以钠元素为例，汗液中钠的浓度平均为每升1克，最高时可达2.3克。人体运动时每小时出汗1~2.5升，这就意味着最少要丢失钠1~2.5克。在钠丢失的同时还会丢失一定量的钾、镁、钙和磷等元素。这些元素如果得不到及时的补充，就会造成机体生成能量减少，能量不足会导致运动能

体育锻炼与营养

力下降,运动是质量就很差,达不到锻炼的目的。更为不利的是,这些元素的缺失还会引起肌肉痉挛,使人体不得不停止运动。

(2)运动饮料中的无机盐,特别是钠可以加快饮料中的肠道内被吸收。水在被肠道吸收后很快进入血循环,使出汗造成的血的容量的下降尽快恢复,从而减轻运动中的心脏的负担。使运动真正达到健身的目的,而不至于损害心脏的健康。

(3)如果我们运动中喝白水,这些水经肠道吸收入血以后会使血液稀释,血液越稀水就越容易从汗液中丢失,补得多丢得更多,达不到补液的目的。运动饮料中的无机盐则能够把水"吸"在体内,使机体的脱水状态得到迅速的恢复。

(4)人的口渴的感觉是提醒我们应该喝水的"警号",白水会阻断这一"警号",减低人的渴感。与此相反,运动饮料中的无机盐在改善饮料口感的同时还会刺激人的喝水的欲望,使我们主动地喝更多的饮料。

十一、运动前后别喝可乐

当你在剧烈的体育运动后,有时会感到腰腿或全身肌肉酸痛,疲惫不堪,有时还感到饥渴难耐。

此时，一杯冰镇可乐，会不会成为你的最爱呢？

一般可乐都含有咖啡因、二氧化碳和磷酸等。因为大量服用或饮用含有咖啡因的药物或饮料，能够帮助运动员处于高度兴奋状态，从而提高运动成绩。不过，可乐中的咖啡因含量较低，对于普通人，只要不是大量饮用，其神经"兴奋"或"抑制"作用都不特别明显。

但是，可乐除了含有咖啡因外，还含有二氧化碳和磷酸，正是这两种成分决定了可乐不能被推荐为运动时的饮料。足量的二氧化碳在饮料中能起到杀菌、抑菌的作用，还能通过蒸发带走体内热量，起到降温的作用，但可乐中的二氧化碳让我们在享受凉爽和刺激口感的同时，也会给我们的消化系统带来一些刺激。特别是在运动前饮用，有可能引起胃肠胀气，从而引发运动过程中腹痛等问题。

经过一定量的运动之后，大家都会或多或少地感觉身体疲劳和酸痛，那是因为我们在运动中机体产生了酸性物质，而酸性物质堆积会导致身体疲劳。此时，你若再给身体补充含有磷酸的可乐，就会增加身体的疲劳程度，使体内的酸碱度得不到中和，疲劳也不容易恢复。

运动前后至少半小时内，不要喝可乐。由于运动中人体有大量电解质流失，所以在运动后喝含有电解质的碱性饮料才是正确选择。

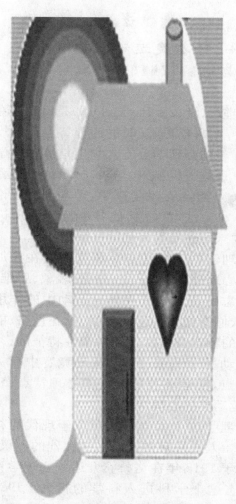

体育运动与心理健康

一、什么是运动心理学

运动心理学(Sports Psychology)是研究人在从事体育运动时的心理特点及其规律的心理学分支。它也是体育科学中的一门新兴学科,与体育学、体育社会学、运动生理学、运动训练理论和方法,以及其他各项运动的理论和方法有着密切的联系。

运动心理学的主要任务是研究人们在参加体育运动时的心理过程,如感觉、知觉、表象、思维、记忆、情感、意志的特点及其在体育运动中的作用和意义;研究人们参加各种运动项目时,在性格、能力和气质方面的特点及体育运动对个性特征的影响;研究体育运动教学训练过程和运动竞赛中有关人员的心理特点,如运动技能形成的心理特点、赛前心理状态、运动员的心理训练等。

运动心理学这个术语首先出现于现代奥林匹克运动会创始人顾拜旦的文章中。在他的倡议下,国际奥委会于1913年在洛桑召开运动心理学专门会议,它标志这个学科进入科学的行列。1920～1940年,前苏联、德国美国等国都对运动心理学方

体育运动与心理健康

面的问题展开了一系列研究。20世纪60年代以来,运动心理学受到广泛重视,大多数国家都开展了这方面的研究工作,成立运动心理学会并召开专门会议,有关的文章和书籍也大量问世,使这门科学得到迅速发展。

运动心理学研究的内容十分广泛,如技能学习、竞赛心理、运动对人的意义、从事运动的动机,以及运动员之间、教练员和运动员之间、运动员和观众之间的相互关系,心理训练和运动心理治疗方法,等等。20世纪初期,研究的问题多集中在技能学习上,包括学习的分配、保持和迁移等,而后深入到运动行为的理论方面。

自20世纪40年代以来,通过研究,逐渐形成运动行为的信息程序论、层次控制论、行为系统模式论等理论学说。随着认知心理学、人格心理学、社会心理学、发展心理学以及健康心理学的发展,运动行为的研究更深入到运动心理学联系着技能学习与控制和技能发展的研究。在研究方法上也从实验室的对单个动作的研究,发展到联系运动实践、提高运动效能的研究。随着运动实践的发展,更进一步扩大了运动心理学的研究范围,发展到有关认识、解释和主动影响运动行为的研究,也就是提高运动效能的理论性研究。

运动心理学的研究对象多是优秀运动员,也有青少年运动员;它也研究群众体育中的心理学问题。各国体育界近年来对运动员心理训练和运动员的心理选拔越来越重视。因为在运动水平越来越接近的竞赛中,心理因素对竞赛的胜败往往起决定性作用,致使心理测试和心理诊断学被广泛运用,各种心理训练方法不断出现。

二、体育运动与心理健康

首先,体育运动能改善情绪。心情郁闷时去运动一下能有效宣泄坏心情,尤其是遭受挫折后产生的冲动能被转移。

其次,体育运动能培养人的意志。参加体育运动有助于培养人勇敢顽强、坚持不懈的作风,团结友爱的集体主义精神与机智灵活、沉着果断的品质,还有使人保持积极向上的心态。

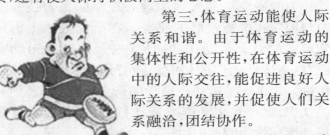

第三,体育运动能使人际关系和谐。由于体育运动的集体性和公开性,在体育运动中的人际交往,能促进良好人际关系的发展,并促使人们关系融洽,团结协作。

第四,体育运动使人正确认识自我。人在运动中对自己身体的满意可以增强自信,提高自尊;竞争又使

自己的社会价值被认可。

第五,体育运动促进行为协调,反应适度。体育运动大多在规则的规范要求下进行,每位运动员都会受到规则约束,因此体育运动对培养人良好的行为规范有着重要和积极的作用。

最后,体育运动能培养合作与竞争意识。合作与竞争是现代社会对人才的要求。体育运动是在规则的要求下,使双方在对等的条件下进行体能和心理等方面的较量。

三、运动性心理疲劳恢复六法

1. 谈话法

谈话法主要针对情绪明显低沉或由于人际关系发生冲突而形成心理压抑的运动员,通过谈话帮助他们解除心理障碍,启发他们全面认识和对待各种问题。在谈话中应多鼓励、帮助他们分析有利的因素和自己的希望所在,也可和他们一起回忆过去比赛胜利的情景,这样可使他们的心情得到改善,情绪得以调节,愉快的心情可以大大减少神经能量的消耗。

2. 想像放松

想像放松是指运动员想像自己处在某种使他们感到放松和舒服的环境之中。运动员仰卧,四肢平伸,处于安静状态,闭上眼睛,注意状态集中在大脑所想像的事物上。如温暖阳光在照射,迎面吹来阵阵微风,海浪在有节奏地拍打或者正在树林里散步。

成功利用想像进行放松的关键是:

(1)头脑里要有一种与感到放松相联系的、清晰的处境;

(2)要有很好的想像技能,使这种处境被心理上的眼睛清晰地看到。

(3)先练习想像使人放松的情境,再逐渐地用这种方法练习想像使人紧张的情境,并达到放松的状态。

3. 神经—肌肉的自我心理调整练习

在保护心理免受不良影响、调整心理状态和进行心理恢复的各种方法中,最重要的是自我调整,即借助语言暗示以及与语言一致的思维形象作用于自身,改变情绪反应及各系统和器官的机能状态。词语以肯定的方式影响人的自我感觉和活动能力,是大多数心理自我调整方法的基础。自我心理调整有两个方面:自我说服和自我暗示。

首先,要通过呼吸调整和语言暗示进入朦胧状态。在这种状态中,大脑对于语言以及与语言相联系的思维形象特别敏感。其次,要学会高度集中注意于当前正在想的事物的感觉上。神经—肌肉心理练习的目的是使运动员学会有意识地恢复体内某些自动化过程。同时,这种练习有利于心理状态。通常运用的词语如:"我放松了,我想睡,睡意更浓了、眼皮舒服、发热、眼皮发沉了、眼睛闭上了,进入了安静的睡眠。"练习者缓缓地、单调地默念每句词语,每句重复3~4次,就可以很快进入放松安静状态。每天坚持这一练习1~2次就可以达到良好的心理恢复作用。

4. 心理诱导放松训练

这种方法主要通过语言暗示诱导进行肌肉和

神经的放松训练,如自身放松训练。进行语言诱导时,还可配合播放一些轻松悠扬的音乐,这样可以使运动员的精神和肌肉在语言的诱导和音乐的良好刺激下充分放松,并使大脑入静,从而调节大脑有序化地工作。

5. 催眠

催眠术是通过心理暗示的方法,使受术者的心理活动达到某种境界,呈现一种介于觉醒和睡眠之间的特殊心理状态。在这种状态下,受术者思维狭窄、意识恍惚,能与施术者保持密切的关系,对施术者的每句话、每个字全部接收,绝对服从,对外界的干扰毫无反应。

用于消除心理疲劳的催眠施术,可以在运动间歇时或运动后进行。当进入催眠状态时,肌肉会得到充分放松,可采用模拟按摩方法迅速解除疲劳。催眠用于解除疲劳能起到令人惊奇的效果,无论在训练后或比赛间歇中对自我或他人催眠,均能迅速消除疲劳和继续保持充沛的体力。

6. 音乐放松

精心挑选的音乐,可以降低不必要的兴奋性,或从忧郁状态转到良好的心境中,这是运动员消除心理疲劳的有效手段之一。选择一些轻音乐或抒

体育运动与心理健康

情乐曲都有助于运动员形成宁静的心情,有助于放松。

用于心理疲劳恢复训练的方法还有很多,如文艺活动、气功等,选择方法可因人而异,有目的地加以运用。

四、运动与性格

1. 紧张型

这些人要克服性格缺陷,应多参加竞争激烈的运动项目,特别是足球、篮球、排球等比赛活动。因为赛场上形势多变,紧张激烈,只有冷静沉着地应对,才能取得优势。若能经常在这种激烈的场合中接受考验,遇事就不会过于紧张,更不会惊慌失措,从而给工作和学习带来好处。

2. 胆怯型

有的人天性胆小,动辄害羞脸红,性格腼腆。这些人应多参加游泳、溜冰、拳击、单双杠、跳马、平衡木等活动项目。这些活动要求人们不断地克服

胆怯心理,以勇敢、无畏的精神去战胜困难,越过障碍。

3. 孤僻型

这类人应少从事个人化的运动,多选择足球、篮球、排球以及接力跑、拔河等团队运动项目。坚持参加这些集体项目的锻炼,能增强自身活力和与人合作精神,逐渐改变孤僻性格。

五、心理障碍的运动疗法

假如你觉得自己不大合群,不习惯与同伴交往,那你就应选择足球、篮球、排球等集体项目。坚持参加这些集体项目的锻炼,会帮助你慢慢地改变孤僻的性格,逐步适应与同伴的交往,并热爱集体。

如果你感到自己胆子小,做事怕风险,容易脸红,怕难为情,那应多参加游泳、溜冰、拳击、摔跤等项目的活动。这些活动要求人们不断克服害怕、摔

体育运动与心理健康

倒、跌痛等各种胆怯心理，以勇敢、无畏的精神去战胜困难，越过障碍。经过一段时期的锻炼，你的胆子自然会大，处事也老练了。

如果你觉得自己处理事情常常犹豫不决、不够果断，那就多参加乒乓球、网球、羽毛球、拳击、跨栏、跳高、跳远等体育活动。在这些项目面前，任何犹豫、徘徊都将延误良机，遭到失败，久练能帮助你增强果断的个性特征。

倘若你发现自己遇事易急躁，感情易冲动，那就应多参加下棋、太极拳、慢跑、长距离步行及游泳和骑自行车等缓慢而持久的项目。这一类体育活动能帮助你调节神经活动、增强自我控制能力，稳定情绪，使容易急躁、冲动的弱点得以改善。

如果你感到自己做事总是担心完不成任务，那就得事先选择一些简单、易做的活动，如跳绳、俯卧撑、广播操、跑步等体育项目。坚持锻炼一段时期，信心自然能逐步得到增强。

假如你感到自己遇到重要的事情容易过度紧张失常，就应多参加公开激烈的体育比赛，特别是足球、篮球、排球等项目。因为赛场形式多变，比赛紧张激烈，只有冷静沉着地对付，才能取得优势。若能经常在这种激烈的场合中接受考验，遇事就不会过分紧张，更不会惊慌失措，从而给学习、工作带来益处。

测一测自己

对照着下面这些症状,测一测自己是不是有亚健康,或是亚健康到了什么状态了?

如果你的累积总分超过 30 分,就表明健康已敲响警钟;如果累积总分超过 50 分,就需要坐下来,好好地反思你的生活状态,加强锻炼和营养搭配等;如果累积总分超过 80 分,赶紧去医院找医生,调整自己的心理,好好地休息一段时间吧!

1. 早上起床时,有持续的头发丝掉落:5 分;

2. 感到情绪有些抑郁,会对着窗外的天空发呆:3 分;

3. 昨天想好的某件事,今天怎么也记不起来了,而且近些天来,经常出现这种情况:10 分;

4. 上学的途中,害怕走进教室,觉得学习令人厌倦:5 分;

5. 不想面对同学和老师,有一种自闭症式的渴望:5 分;

6. 工作效率明显下降,上司已明显表达了对你的不满:5 分;

7. 每天工作一小时后,就感到身体倦怠,胸闷气短:10 分;

8. 工作情绪始终无法高涨,最令自己不解的是,无名的火气很大,但又没有精力发作:5分;

9. 一日三餐,进餐甚少。排除天气因素,即使口味非常适合自己的菜,近来也经常如嚼干蜡:5分;

10. 盼望早早地逃离办公室,为的是能够回家,躺在床上休息片刻:5分;

11. 对城市的污染、噪声非常敏感,比常人更渴望清幽、宁静的山水,休息身心:5分;

12. 不再像以前那样热衷于朋友的聚会,有种强打精神,勉强应酬的感觉:2分;

13. 晚上经常睡不着觉,即使睡着了,又老是在做梦的状态中,睡眠质量很糟糕:10分;

14. 体重有明显的下降趋势,今天早上起来,发现眼眶深隐,下巴突出:10分;

15. 感觉免疫力在下降,春秋流感一来,自己首当其冲,难逃"流"运:5分;

运动处方

运动处方

一、运动处方的组成

1. 健康检查

了解锻炼者的一般身体发育、伤病的情况和健康状况,以确定是否是健身运动的适应者,有无禁忌症。

2. 运动负荷测定

检测和评定锻炼者对运动负荷的承受能力。以心肺功能为主,进行安静和运动状态下的生理功能检测,主要有心率、血压、肺活量等指标。

3. 体能测定

进行力量、耐力、速度和灵敏的身体素质检测,从中判定锻炼者的运动能力和生理机能的状况。

4. 制定运动处方

(1)运动目的:通过有目的的锻炼达到预期的

效果。由于各人的情况千差万别,运动处方的目的有健身的、娱乐的、减肥的、治疗的等多种类型。

（2）运动项目：在运动处方中，为锻炼者提供最合适的运动项目关系到锻炼的有效性和持久性。选择运动项目，要考虑运动的目的，是健身的、还是治疗的；要考虑运动条件，如场地器材、余暇时间、气候等；还要结合体育兴趣爱好等因素。

（3）运动强度：是运动时的剧烈程度，是衡量运动量的重要指标之一，可用每分钟的心率次数来表示大小。一般认为学生心率：120（次/分钟）以下为小强度，120～150（次/分钟）为中强度，150～180（次/分钟）或180（次/分钟）以上为大强度。测量运动强度的简单办法是：测量运动后10秒内脉搏次数×6，就是一分钟的运动强度。

①适宜运动强度范围可用靶心率来控制（以本人最高心率的70%～85%的强度作为标准）

靶心率＝（220－年龄）×（70%～85%）。如20岁的靶心率是140～170（次/分钟）。

②最适宜运动心率计算公式：

最适宜运动心率＝心率储备×75%＋安静心率

（最大心率＝220－年龄；心率储备＝最大心率－安静心率）

如某大学生20岁，安静心率70（次/分钟），他的最大心率为220－20＝200（次/分钟），心率储备为200－70＝130（次/分钟），最适宜运动心率为130×75%＋70＝167.5（次/分钟）。

运动处方

(4)运动时间:指一次锻炼的持续时间。它与运动强度紧密相关,强度大,时间应稍短,强度小,时间应稍长。有氧锻炼一般在30分钟左右就可以达到较好的效果。

(5)运动频度:指每周的锻炼次数。关于运动频度,日本的池上晴夫研究表明,1周运动1次,肌肉酸痛和疲劳每次发生,运动后1～3天身体不适,效果不蓄积;1周运动2次,酸痛和疲劳减轻,效果有点蓄积,不明显;1周运动3次,无酸痛和疲劳,效果蓄积明显;1周运动4～5次,效果更加明显。可见,1周运动3次以上,效果才明显。

5. 效果检查

由于个人情况千差万别,在实行运动处方的过程中,可能会有不合适的地方,应在实践中及时检查和修正,以保证锻炼的效果。

二、健康运动处方

1. 身体增高运动处方

(1)运动内容:单杠垂直,纵跳摸高,摆动、抖动等柔软性练习和拉伸躯干练习。

(2)运动强度:柔韧性练习要进行15～20分钟。单杠垂直要采用负重和不负重两种方式进行,所负重物一般为5～10千克。纵跳摸高分单腿和双腿跳跃,做两组,每组各进行10次。拉伸躯干要在同伴帮助下,一人抓住双手,一人抓住双腿,两人反方向拉伸躯干,连续2～3次,每次15～20秒。

(3)运动频率:每天早晚各进行一次以上练习。

注意:要进行长期练习;主要以悬吊、跳跃等伸展性、柔韧性和灵活性的练习为主,不宜进行负重过大的练习。

2. 肥胖症的运动处方

(1)运动内容:快步走、慢跑、自行车、游泳、滑冰、登山。

(2)辅助练习:太极拳、羽毛球、网球、健美操、体育舞蹈。

(3)运动强度:慢跑开始由100～110米/分钟,逐渐增加到120～180米/分钟。

(4)运动频率:每周坚持练习3次,每次30～50分钟,随着练习次数的增多,可酌情延长练习的时间。

注意:运动应与饮食相结合,严格控制脂肪类

运动处方

和糖类食物,减少食量。

3. 慢性胃肠病的运动处方

(1)运动内容:太极拳、腹部按摩、医疗体操、气功。

(2)运动强度:气功练习时,以放松功和内养功为主,在松静的基础上,逐步引入腹式呼吸;屈坐或仰卧姿势按摩,两手重叠于胃部或腹部,先顺时针后逆时针方向依次进行,速度均匀、意念入深,每次练习以不感到疲劳为宜。

(3)运动频率:太极拳、按摩和医疗体操、气功每天可交替进行,每周练习4～6次,每次30～40分钟;按摩最好安排在睡前或起床前进行。

注意:应以气功、太极拳、腹部按摩为主,如体力允许可增加慢跑练习;生活要有规律,保证睡眠充足,少食油腻食物,食品应营养丰富且易消化,必要时配合药物及理疗。

4. 神经衰弱症的运动处方

(1)运动内容:太极拳、太极剑、散步、健脑功等。

(2)运动强度:练习太极拳时,一定要做的意静心专,精神愉快,每次以整套动作练习为主,以不感觉疲劳为宜。

（3）运动频率：每周练习3～5次,每次30～40分钟。随着练习效果的增加,可逐步增加练习次数和强度。

注意：保持心情愉快,消除顾虑和焦虑情绪,控制好运动强度；在进行锻炼的同时,辅以药物对症治疗,效果更佳。

5. 过敏性鼻炎的运动处方

（1）运动内容：慢跑、气功（放松功）、揉按迎香穴。

（2）运动强度：运动负荷的控制以不感到疲劳为度。

（3）运动频率：每天1～2次,每次30～40分钟左右；慢跑最好安排在早晨为宜,每次15分钟；揉按迎香穴主要是摩擦鼻两翼,以及用冷热毛巾交替擦鼻；如果坚持每天用鼻慢慢吸入冷水,然后再从口中吐出,则可提高鼻粘膜的抵抗能力,效果较好,但应慎重选用,应先行试验,如果自己能做,再循序渐进的练习。

注意：要将慢跑、冷水擦鼻、气功等内容有机结合练习,并坚持下去；冷水锻炼后,再用两手指摩擦鼻两翼直至发热,可收到更好的效果。

运动处方

6. 慢性肝炎的运动处方

（1）运动内容：太极拳、散步、慢跑等。

（2）运动强度：总的原则是运动量的增加以不感觉疲劳为好，每次活动以自觉微微出汗为度。

（3）运动频率：每天1～2次，每次30分钟左右。

注意：练习后如果感觉身心愉快、食欲增加，经体检肝功能改善，可适当增加活动量，但增幅不能过大；如果肝功不正常时，应卧床休息，不可强行活动，要有充足的睡眠时间。

7. 痛经的运动处方

（1）运动内容：①患者取俯卧位，一侧下肢后伸抬起，左右交替进行20～30次，再做两侧下肢同时后伸抬起动作10～20次；②患者取仰卧位，两下肢抬起悬空，交替做屈髋伸膝动作，形如蹬自行车状，左右脚踩一圈算1次，连续做10～20次，稍休息，再把一条腿伸直抬起悬空至45度，并外展20度左右，然后以髋为轴，做两腿绕环练习，绕环幅度由小到大，达最大限度，连续做10～20次；③患者取仰卧位，做两下肢同时抬起的屈髋收腹动作，腿抬高至70度左右，抬起后维持片刻再放下，做10～50次。

（2）运动强度：开始锻炼时，练习次数以身体不感到疲劳为宜,运动强度和练习次数可随能力的提高而逐步增加。

(3)运动频率:每周做 2~3 次,月经期间运动量视具体情况而定,不能一概而论,一般情况下,经期的前 1、2 天可进行轻微活动,3、4 天后可逐渐增加活动量,5、6 天后就可正常运动了。

注意:练习前要经医院检查痛经的原因,如果痛经是由精神因素、子宫收缩不协调和慢性盆腔炎引起,可用运动疗法来进行;如果痛经是由盆腔的其他器质性病变引起,则不宜进行体育疗法。

8. 哮喘病的运动处方

(1)运动内容:散步、气功(放松功、内养功)、呼吸练习(主要是呼气练习,鼻吸口呼,吸短呼长,增加平衡呼吸的深度,呼气时可发声,如"依"、"啊"音)、放松练习(采用放松四肢和躯干的徒手操,如扩胸、耸肩、抖臂和腹背运动等)。

(2)运动强度:每次以自我感觉轻松、愉快为度,切忌疲劳。

(3)运动频率:每天 1~3 次,放松练习每次 15 分钟左右;呼吸练习可根据自我感觉,逐步增加练习次数,呼气每次持续 5~6 秒。

注意:呼吸练习须轻松自然,忌闭气、憋气,逐渐养成腹式呼吸的习惯;运动负荷应适量,不能太大。

大学生运动处方示例

姓名：A　　　　性别：男
年龄：20 岁　　　职业：学生
体育爱好：羽毛球
健康检查：良好,身高 1.75 米,体重 70 千克,体脂中度超重病史——无
运动负荷测定：台阶实验,安静脉搏 79 次/分钟,血压 75/115 毫米汞柱,肺活量 2800 毫升
体能测定：力量——仰卧起坐 25 个/分钟,耐力——800 米跑
体质评定：健康状况,良;体重过重,心肺功能稍差
运动目的：减肥和健身
运动项目：羽毛球、健身跑、健美操、篮球等
运动强度：由小逐渐加大,心率在靶心率范围,即 140~170 次/分钟
运动时间：12 周(减少体重 3~5 千克),每次 30~60 分钟
运动频度：4~5 次/周
注意事项：适当控制饮食,减少糖、油脂的摄入,可吃一定的蔬菜、水果,有病例如发烧时就要停止运动
自我监督——心率
处方者：×年×月×日

注：靶心率=(220-年龄)×(70%~85%)
　　心率储备=最大心率-安静心率
　　最适宜运动心率=心率储备×75%+安静心率

附 录

附表 1 大学男生身高标准体重(体重单位:公斤)

身高段(厘米)	营养不良 50分	较低体重 60分	正常体重 100分	超 重 60分	肥 胖 50分
144.0~144.9	<41.5	41.5~46.3	46.4~51.9	52.0~53.7	≥53.8
145.0~145.9	<41.8	41.8~46.7	46.8~52.6	52.7~54.5	≥54.6
146.0~146.9	<42.1	42.1~47.1	47.2~53.1	53.2~55.1	≥55.2
147.0~147.9	<42.4	42.4~47.5	47.6~53.7	53.8~55.7	≥55.8
148.0~148.9	<42.6	42.6~47.9	48.0~54.2	54.3~56.3	≥56.4
149.0~149.9	<42.9	42.9~48.3	48.4~54.8	54.9~56.6	≥56.7

续表

身高段(厘米)	营养不良 50分	较低体重 60分	正常体重 100分	超重 60分	肥胖 50分
150.0~150.9	<43.2	43.2~48.8	48.9~55.4	55.5~57.6	≥57.7
151.0~151.9	<43.5	43.5~49.2	49.3~56.0	56.1~58.2	≥58.3
152.0~152.9	<43.9	43.9~49.7	49.8~56.5	56.6~58.7	≥58.8
153.0~153.9	<44.2	44.2~50.1	50.2~57.0	57.1~59.3	≥59.4
154.0~154.9	<44.7	44.7~50.6	50.7~57.5	57.6~59.8	≥59.9
155.0~155.9	<45.2	45.2~51.1	51.2~58.0	58.1~60.7	≥60.8
156.0~156.9	<45.6	45.6~51.6	51.7~58.7	58.8~61.0	≥61.1
157.0~157.9	<46.1	46.1~52.1	52.2~59.2	59.3~61.5	≥61.6
158.0~158.9	<46.6	46.6~52.6	52.7~59.8	599.~62.2	≥62.3
159.0~159.9	<46.9	46.9~53.1	53.2~60.3	60.4~62.7	≥62.8
160.0~160.9	<47.4	47.4~53.6	53.7~60.9	61.0~63.4	≥63.5
161.0~161.9	<48.1	48.1~54.3	54.4~61.6	61.7~64.1	≥64.2

附 录

续表

身高段(厘米)	营养不良 50分	较低体重 60分	正常体重 100分	超重 60分	肥胖 50分
162.0 ~ 162.9	<48.5	48.5 ~ 54.8	54.9 ~ 62.2	62.3 ~ 64.8	≥64.9
163.0 ~ 163.9	<49.0	49.0 ~ 55.3	55.4 ~ 62.8	62.9 ~ 65.3	≥65.4
164.0 ~ 164.9	<49.5	49.5 ~ 55.9	56.0 ~ 63.4	63.5 ~ 65.9	≥66.0
165.0 ~ 165.9	<49.9	49.9 ~ 56.4	56.5 ~ 64.1	64.2 ~ 66.6	≥66.7
166.0 ~ 166.9	<50.4	50.4 ~ 56.9	57.0 ~ 64.6	64.7 ~ 67.0	≥67.1
167.0 ~ 167.9	<50.8	50.8 ~ 57.3	57.4 ~ 65.0	65.1 ~ 67.5	≥67.6
168.0 ~ 168.9	<51.1	51.1 ~ 57.7	57.8 ~ 65.5	65.6 ~ 68.1	≥68.2
169.0 ~ 169.9	<51.6	51.6 ~ 58.2	58.3 ~ 66.0	66.1 ~ 68.6	≥68.7
170.0 ~ 170.9	<52.1	52.1 ~ 58.7	58.8 ~ 66.5	66.6 ~ 69.1	≥69.2
171.0 ~ 171.9	<52.5	52.5 ~ 59.2	59.3 ~ 67.2	67.3 ~ 69.8	≥69.9
172.0 ~ 172.9	<53.0	53.0 ~ 59.8	59.9 ~ 67.8	67.9 ~ 70.4	≥70.5
173.0 ~ 173.9	<53.5	53.5 ~ 60.3	60.4 ~ 68.4	68.5 ~ 71.1	≥71.2

续表

身高段（厘米）	营养不良 50分	较低体重 60分	正常体重 100分	超重 60分	肥胖 50分
174.0～174.9	<53.8	53.8～61.0	61.1～69.3	69.4～72.0	≥72.1
175.0～175.9	<54.5	54.5～61.5	61.6～69.9	70.0～72.7	≥72.8
176.0～176.9	<55.3	55.3～62.2	62.3～70.9	71.0～73.8	≥73.9
177.0～177.9	<55.8	55.8～62.7	62.8～71.6	71.7～74.5	≥74.6
178.0～178.9	<56.2	56.2～63.3	63.4～72.3	72.4～75.3	≥75.4
179.0～179.9	<56.7	56.7～63.8	63.9～72.8	72.9～75.8	≥75.9
180.0～180.9	<57.1	57.1～64.3	64.4～73.5	73.6～76.5	≥76.6
181.0～181.9	<57.7	57.7～64.9	65.0～74.2	74.3～77.3	≥77.4
182.0～182.9	<58.2	58.2～65.6	65.7～74.9	75.0～77.8	≥77.9
183.0～183.9	<58.8	58.8～66.2	66.3～75.7	75.8～78.8	≥78.9
184.0～184.9	<59.3	59.3～66.8	66.9～76.3	76.4～79.4	≥79.5
185.0～185.9	<59.9	59.9～67.4	67.5～77.0	77.1～80.2	≥80.3

续表

身高段(厘米)	营养不良 50分	较低体重 60分	正常体重 100分	超重 60分	肥胖 50分
186.0～186.9	<60.4	60.4～68.1	68.2～77.8	77.9～81.1	≥81.2
187.0～187.9	<60.9	60.9～68.7	68.8～78.6	78.7～81.9	≥82.0
188.0～188.9	<61.4	61.4～69.2	69.3～79.3	79.4～82.6	≥82.7
189.0～189.9	<61.8	61.8～69.8	69.9～79.9	80.0～83.2	≥83.3
190.0～190.9	<62.4	62.4～70.4	70.5～80.5	80.6～83.6	≥83.7

注：身高低于表中所列出的最低身高段的下限值时，身高每低1厘米，实测体重需加上0.5公斤，实测身高需加上1厘米，再查表确定分值。

身高高于表中所列出的最高身高段时，身高每高1厘米，其实测体重需减去0.9公斤，实测身高需减去1厘米，再查表确定分值。

附　录

附表 2　大学女生身高标准体重（体重单位：公斤）

身高段(厘米)	营养不良 50分	较低体重 60分	正常体重 100分	超重 60分	肥胖 50分
140.0～140.9	<36.5	36.5～42.4	42.5～50.6	50.7～53.3	≥53.4
141.0～141.9	<36.6	36.6～42.9	43.0～51.3	51.4～54.1	≥54.2
142.0～142.9	<36.8	36.8～43.2	43.3～51.9	52.0～54.7	≥54.8
143.0～143.9	<37.0	37.0～43.5	43.6～52.3	52.4～55.2	≥55.3
144.0～144.9	<37.2	37.2～43.7	43.8～52.7	52.8～55.6	≥55.7
145.0～145.9	<37.5	37.5～44.0	44.1～53.1	53.2～56.1	≥56.2
146.0～146.9	<37.9	37.9～44.4	44.5～53.7	53.8～56.7	≥56.8
147.0～147.9	<38.5	38.5～45.0	45.1～54.3	54.4～57.3	≥57.4

续表

身高段(厘米)	营养不良 50分	较低体重 60分	正常体重 100分	超重 60分	肥胖 50分
148.0~148.9	<39.1	39.1~45.7	45.8~55.0	55.1~58.0	≥58.1
149.0~149.9	<39.5	39.5~46.2	46.3~55.6	55.7~58.7	≥58.8
150.0~150.9	<39.9	39.9~46.6	46.7~56.2	56.3~59.3	≥59.4
151.0~151.9	<40.3	40.3~47.1	47.2~56.7	56.8~59.8	≥59.9
152.0~152.9	<40.8	40.8~47.6	47.7~57.4	57.5~60.5	≥60.6
153.0~153.9	<41.4	41.4~48.2	48.3~57.9	58.0~61.1	≥61.2
154.0~154.9	<41.9	41.9~48.8	48.9~58.6	58.7~61.9	≥62.0
155.0~155.9	<42.3	42.3~49.1	49.2~59.1	59.2~62.4	≥62.5
156.0~156.9	<42.9	42.9~49.7	49.8~59.7	59.8~63.0	≥63.1
157.0~157.9	<43.5	43.5~50.3	50.4~60.4	60.5~63.6	≥63.7
158.0~158.9	<44.0	44.0~50.8	50.9~61.2	61.3~64.5	≥64.6
159.0~159.9	<44.5	44.5~51.4	51.5~61.7	61.8~65.1	≥65.2

附 录

续表

身高段(厘米)	营养不良 50分	较低体重 60分	正常体重 100分	超重 60分	肥胖 50分
160.0～160.9	<45.0	45.0～52.1	52.2～62.3	62.4～65.6	≥65.7
161.0～161.9	<45.4	45.4～52.5	52.6～62.8	62.9～66.2	≥66.3
162.0～162.9	<45.9	45.9～53.1	53.2～63.4	63.5～66.8	≥66.9
163.0～163.9	<46.4	46.4～53.6	53.7～63.9	64.0～67.3	≥67.4
164.0～164.9	<46.8	46.8～54.2	54.3～64.5	64.6～67.9	≥68.0
165.0～165.9	<47.4	47.4～54.8	54.9～65.0	65.1～68.3	≥68.4
166.0～166.9	<48.0	48.0～55.4	55.5～65.5	65.6～68.9	≥69.0
167.0～167.9	<48.5	48.5～56.0	56.1～66.2	66.3～69.5	≥69.6
168.0～168.9	<49.0	49.0～56.4	56.5～66.7	66.8～70.1	≥70.2
169.0～169.9	<49.4	49.4～56.8	56.9～67.3	67.4～70.7	≥70.8
170.0～170.9	<49.9	49.9～57.3	57.4～67.9	68.0～71.4	≥71.5
171.0～171.9	<50.2	50.2～57.8	57.9～68.5	68.6～72.1	≥72.2

续表

身高段(厘米)	营养不良 50分	较低体重 60分	正常体重 100分	超重 60分	肥胖 50分
172.0～172.9	<50.7	50.7～58.4	58.5～69.1	69.2～72.7	≥72.8
173.0～173.9	<51.0	51.0～58.8	58.9～69.6	69.7～73.1	≥73.2
174.0～174.9	<51.3	51.3～59.3	59.4～70.2	70.3～73.6	≥73.7
175.0～175.9	<51.9	51.9～59.9	60.0～70.8	70.9～74.4	≥74.5
176.0～176.9	<52.4	52.4～60.4	60.5～71.5	71.6～75.1	≥75.2
177.0～177.9	<52.8	52.8～61.0	61.1～72.1	72.2～75.7	≥75.8
178.0～178.9	<53.2	53.2～61.5	61.6～72.6	72.7～76.2	≥76.3
179.0～179.9	<53.6	53.6～62.0	62.1～73.2	73.3～76.7	≥76.8
180.0～180.9	<54.1	54.1～62.5	62.6～73.7	73.8～77.0	≥77.1
181.0～181.9	<54.5	54.5～63.1	63.2～74.3	74.4～77.8	≥77.9
182.0～182.9	<55.1	55.1～63.8	63.9～75.0	75.1～79.4	≥79.5
183.0～183.9	<55.6	55.6～64.5	64.6～75.7	75.8～80.4	≥80.5

续表

身高段（厘米）	营养不良 50分	较低体重 60分	正常体重 100分	超重 60分	肥胖 50分
184.0～184.9	<56.1	56.1～65.3	65.4～76.6	76.7～81.2	≥81.3
185.0～185.9	<56.8	56.8～66.1	66.2～77.5	77.6～82.4	≥82.5
186.0～186.9	<57.3	57.3～66.9	67.0～78.6	78.7～83.3	≥83.4

注：身高低于表中所列出的最低身高段的下限值时，身高每低1厘米，实测体重需加上0.5公斤，实测身高需加上1厘米，再查表确定分值。

身高高于表中所列出的最高身高段时，身高每高1厘米，身高每高1厘米，其实测体重需减去0.9公斤，实测身高需减去1厘米，再查表确定分值。

附表 3 大学男生各测试项目评分标准

等级	单项得分	肺活量体重指数	1000米(分.秒)	台阶试验	50米跑(秒)	立定跳远(米)	掷实心球(米)	握力体重指数	引体向上(次)	坐位体前屈(厘米)	跳绳(次/1分钟)	篮球运球(秒)	足球运球(秒)	排球垫球(次)
	100	84	3'27"	82	6.0	2.66	15.7	92	26	23.0	198	8.6	6.3	50
	98	83	3'28"	80	6.1	2.65	15.2	91	25	22.6	193	9.0	6.5	49
	96	82	3'31"	77	6.2	2.63	14.4	90	24	22.0	186	9.6	6.9	46
优秀	94	81	3'33"	74	6.3	2.62	13.6	89	23	21.4	178	10.3	7.3	44
	92	80	3'35"	71	6.4	2.60	12.5	87	22	20.6	168	11.1	7.7	41
	90	78	3'39"	67	6.5	2.58	11.5	86	21	19.8	158	12.0	8.2	38

续表

等级	单项得分	肺活量体重指数	1000米(分.秒)	台阶试验	50米跑(秒)	立定跳远(米)	掷实心球(米)	握力体重指数	引体向上(次)	坐位体前屈(厘米)	跳绳(次/1分钟)	篮球运球(秒)	足球运球(秒)	排球垫球(次)
良好	87	77	3'42"	65	6.6	2.56	11.3	84	20	18.9	152	12.4	8.5	37
	84	75	3'45"	63	6.8	2.52	10.9	81	19	17.5	144	12.9	8.9	34
	81	73	3'49"	60	7.0	2.48	10.5	79	18	16.2	136	13.5	9.3	32
	78	71	3'53"	57	7.3	2.43	10.0	75	17	14.3	124	14.3	9.9	29
	75	68	3'58"	53	7.5	2.38	9.5	72	16	12.5	113	15.0	10.4	26
及格	72	66	4'05"	52	7.6	2.35	9.3	70	15	11.3	108	15.6	10.7	25
	69	64	4'12"	51	7.7	2.31	8.9	66	14	9.5	101	16.6	11.2	23
	66	61	4'19"	50	7.8	2.26	8.5	63	13	7.8	94	17.5	11.7	21
	63	58	4'26"	48	8.0	2.20	8.0	59	12	5.4	85	18.8	12.3	18
	60	55	4'33"	46	8.1	2.14	7.5	54	11	3.0	75	20.0	12.9	15

续表

等级	单项得分	肺活量体重指数	1000米(分.秒)	台阶试验	50米跑(秒)	立定跳远(米)	掷实心球(米)	握力体重指数	引体向上(次)	坐位体前屈(厘米)	跳绳(次/1分钟)	篮球运球(秒)	足球运球(秒)	排球垫球(次)
	50	54	4'40"	45	8.2	2.12	7.3	53	9	2.4	71	20.6	13.3	14
	40	52	4'47"	44	8.3	2.09	7.0	51	8	1.4	64	21.6	13.8	12
	30	51	4'54"	43	8.5	2.06	6.7	49	7	0.5	58	22.5	14.3	10
	20	49	5'01"	42	8.6	2.03	6.2	47	6	−0.8	49	23.8	15.0	8
不及格	10	47	5'08"	40	8.8	1.99	5.8	44	5	−2.0	40	25.0	15.7	5

附 录

附表 4 大学女生各测试项目评分标准

等级	单项得分	肺活量体重指数	800米(分.秒)	台阶试验	50米跑(秒)	立定跳远(米)	掷实心球(米)	握力体重指数	仰卧起坐(次/分钟)	坐位体前屈(厘米)	跳绳(次/1分钟)	篮球运球(秒)	足球运球(秒)	排球垫球(次)
优秀	100	70	3'24"	78	7.2	2.07	8.6	74	52	21.1	190	11.2	7.3	46
	98	69	3'27"	75	7.3	2.06	8.5	73	51	20.8	184	11.5	7.8	44
	96	68	3'29"	72	7.4	2.05	8.4	72	50	20.3	175	12.0	8.6	41
	94	67	3'32"	69	7.5	2.03	8.2	71	49	19.8	166	12.6	9.4	38
	92	65	3'35"	64	7.7	2.01	8.0	69	47	19.2	154	13.3	10.5	34
	90	64	3'38"	60	7.8	1.99	7.8	67	45	18.6	142	14.0	11.5	30

续表

等级	单项得分	肺活量体重指数	800米(分·秒)	台阶试验	50米跑(秒)	立定跳远(米)	掷实心球(米)	握力体重指数	仰卧起坐(次/分钟)	坐位体前屈(厘米)	跳绳(次/分钟)	篮球运球(秒)	足球运球(秒)	排球垫球(次)
良好	87	63	3'42"	59	7.9	1.97	7.7	66	44	17.7	137	14.6	11.9	29
	84	61	3'46"	57	8.0	1.93	7.6	63	43	16.3	130	15.6	12.5	27
	81	59	3'50"	55	8.2	1.89	7.5	61	42	15.0	122	16.5	13.2	25
	78	57	3'54"	52	8.3	1.84	7.4	58	40	13.1	112	17.8	14.0	23
	75	54	3'58"	49	8.5	1.79	7.2	55	38	11.3	102	19.0	14.9	20
及格	72	53	4'03"	48	8.6	1.76	7.1	53	37	10.1	98	19.8	15.6	19
	69	51	4'08"	47	8.7	1.72	7.0	50	35	8.3	92	20.9	16.7	17
	66	49	4'13"	46	8.8	1.69	6.8	48	33	6.5	86	22.0	17.8	15
	63	46	4'18"	44	8.9	1.63	6.6	44	31	4.1	78	23.5	19.3	13
	60	43	4'23"	42	9.0	1.58	6.4	40	28	1.7	70	25.0	20.8	10

续表

等级	单项得分	肺活量体重指数	800米(分.秒)	台阶试验	50米跑(秒)	立定跳远(米)	掷实心球(米)	握力体重指数	仰卧起坐(次/分钟)	坐位体前屈(厘米)	跳绳(次/1分钟)	篮球运球(秒)	足球运球(秒)	排球垫球(次)
	50	42	4'30"	41	9.1	1.56	6.2	39	27	1.5	66	25.8	21.2	9
	40	41	4'37"	40	9.3	1.53	6.0	38	26	1.3	59	26.9	21.9	8
	30	39	4'44"	39	9.5	1.50	5.7	36	25	1.0	53	28.0	22.5	7
	20	37	4'51"	38	9.8	1.46	5.4	34	23	0.6	44	29.5	23.4	6
不及格	10	35	5'00"	36	10.0	1.42	5.0	32	21	0.2	35	31.0	24.3	4

附表5　免予执行《国家学生体质健康标准》申请表

姓　名		性　别		民　族	
班　级		学　号		出生日期	
原因					
体育教师签字		家长签字			
学校体育部门审批意见				签章(字)： 　年　月　日	

注：高等学校的学生，"家长签字栏"由学生本人签字。